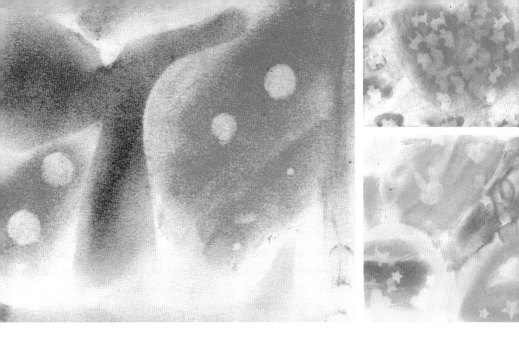

子どもの脳の多様性に応じた
# 言語・コミュニケーションの指導と支援

宮本昌子 著

金子書房

# はじめに

　本書は、言語聴覚士やことばの教室の先生方に、そして、子どものことばの発達で悩んでいる保護者のみなさま、これまでに言語障害や特別支援教育のことに全く触れたことのない方やこれから勉強したいと思っている方にも、手に取っていただきたいと思い執筆しました。

　今の日本で、自分の子どものことばが遅れていたり、滑らかに話せなかったりした時に、すぐに私のような言語聴覚士のところに行く人はそんなには多くないと思っています。しかし、小児を対象とした言語聴覚士の仕事を経験すると、やがて何かの障害の診断を受ける子どもの場合を含め、家族が最初に出会った専門家が自分であっただろうと後から振り返ることは結構あります。ことばというのは子育ての中で、それだけ親が感じる様々な子どもの特徴の中で存在が大きく、遅れている場合の焦りは相当なものだろうと想像します。

　そういった親御さんが不安な気持ちに陥ることなく、目の前の子どもと付き合えるようになることを陰で支えるのが、言語障害を専門としている者の役割ではないかと思います。学齢期になると、入級前のアセスメント結果などにより、言語障害通級指導教室（いわゆることばの教室）への通級が必要かどうかについて判断されます。あるいは、もっと重い障害があると特別支援学校や特別支援学級に行く場合もありますが、この時に子どもがどこで学んだらいいのかを決めることについても、家族には相当な心労が強いられている気がします。そのような場面にも私たちは寄り添っていくことになりますが、そのときの私の助言、家族の選択で良かったかどうかについては、いつまでも答えが出ないことが多いです。

　子どもの障害を対象とした専門家の仕事はどれだけ曖昧な中でやっていかなくてはならないのだろう、という感じがします。だからこそ、本書では、まず、言語障害の各障害が示す特徴を改めて見直していきたいと考えました。特に、発達障害と併存する実態については丁寧にみていきました。次に、適切な支援方法についても考えました。できるだけ事実に基づいて、親御さんも私も

言語指導として成功したと思う事例について取り上げました。さらに、指導方法を考える際に、子どもの脳の多様性に応じた指導を目指すこと、障害をなくすようにするという意味での障害者差別主義をできるだけ排除し、強みを重視した方向にシフトできるようにも考えたいと思いました。これについては、今の日本で、とりわけ言語障害においては十分に議論された内容ではないので、本書では方向性を示しながら、今後、研究すべき問題を提起するにとどまっています。

　しかしながら、本書のタイトルに「脳の多様性に応じた」という表現を入れている理由としては、筆者が吃音のある方と接する機会が多いことが関係しています。吃音のある方を支援する際に、指導者として留意しなくてはならないことは多くありますが、その中に、「このセラピー中に、あなたはほとんど吃っていませんでしたね」という言葉かけを安易にすべきではないという問題があります。この「吃っていなかった」話し方が良いという見方は、一般社会での価値観に基づいた発言であり、吃音のある人が自分らしく話している状態を否定していることにもなるからです。もし、流暢な発話に色々な種類があり、その延長線上に吃音のある話し方があることが多くの人に認められ、寛容な態度でコミュニケーションをとることが習慣化されれば、吃音のある人の気持ちはずっと楽になります。その影響で、話すこと自体も楽になり、結果的に、話し方に緊張が入らなくなる可能性もあると考えられています。吃音は近年の研究の発展により、遺伝の要因や神経学的な差異について論じられるようになりましたが、それ故に、話し方に障害があると捉えるのではなく、吃音のある話し方は脳の多様性の一つであるということも主張されています。

　このような考え方は、自閉症スペクトラムを対象とした運動に起源があります。1970 年代にジュディ・シンガー氏がニューロダイバーシティという用語を提唱しました。ニューロダイバーシティは、障害を能力の欠如や優劣ではなく異なる視点で見直すための用語です（村中，2020）。全ての人の脳や神経のあり方が対象であり、これまでに健常と呼ばれてきた人の脳は神経学的多数派の状態を示しているにすぎないという考え方です。自閉スペクトラム症当事者から生み出された用語で、関連が深いとされています。現在では、神経学的な原因で発症するものの他に、例えば、嚥下障害や様々な言語障害にもこの考え

方が応用されています。本書で取り上げている障害を「脳の多様性」という視点で捉えることで、当事者や保護者、支援者が相互に対等であることを再確認しながら読み進められると考えています。もし、読者が支援者であれば、クライアントの強みを認識しているか、両者は相互に話し合うことのできる関係であるか、ということを振り返る機会にもしていただきたいと考えています。

　上記の視点から、本書には、保護者や支援者へのインタビューを掲載しています。インタビューに応じてくださったみなさんのお名前は、許可を得て実名で掲載しています。ご協力してくださった方のメッセージが本書を通じて読者に届くことを心から願っています。

　最後に、現状の特別支援教育では、障害別に児童・生徒が分類されていますが、実際の児童のニーズは多様であり、それらに対する指導は、同時進行で行われる必要性があるのではないかということを述べています。児童が示している複数のニーズに対して、適切な指導を受けられる整った環境や制度とはどのようなものであるのか可能性を探ることにしました。こういった壮大なテーマは言語障害の専門家である私の苦手な部分でもあります。今後の展望を発見するために、特別支援教育の専門家である柘植雅義先生にお話をうかがい、その内容を第7章の最後にまとめています。本書のクライマックスとなりますので、楽しみにして下さい。


**引用文献**

村中直人．（2020）．ニューロダイバーシティの教科書：多様性尊重社会へのキーワード．金子書房．

# 目　次

はじめに ……………………………………………………………………… i

# 第1章
# 一般的な言語発達 ………………………………………………… 1

( 1 ) **発音**　1

( 2 ) **流暢性**　4

( 3 ) **語彙と文法**　6

( 4 ) **ナラティブ**　7

( 5 ) **健診でのことばの相談**　9

　　　インタビュー：保護者からの話を聴く①　10

# 第2章
# ことばの教室での支援 ……………………………… 13

( 1 ) **ことばの教室とは**　13

　　　インタビュー：現場の教員からの話を聴く①　15

　　　インタビュー：現場の教員からの話を聴く②　17

　　　ご紹介：ことばの教室を担当する有名な教員　18

( 2 ) **構音障害**　20

　　（1）機能性構音障害　20

　　（2）器質性構音障害　22

　　（3）運動性構音障害　24

　　　インタビュー：現場の教員からの話を聴く③　27

v

③ 吃音　31

（1）吃音とは何か　31

（2）学齢期の吃音への対応　33

（3）流暢性形成法　35

（4）認知行動療法　37

④ 言語発達の遅れ　41

⑤ 語用の遅れ　44

⑥ 音声障害　46

⑦ 脳の多様性を生かした支援とは　47

# 第3章
# 言語発達の問題と指導事例 ……………………………… 53

① 知的障害　53

（1）知的障害のある者の言語障害　53

（2）ダウン症の言語障害　54

（3）ダウン症のある子どもの指導事例　56

② 境界性知能　60

（1）境界性知能にみられる言語障害　60

（2）境界性知能を示したワタルくんの事例　61

③ 学習障害（LD）　66

④ 自閉スペクトラム症（ASD）　68

（1）前言語期のコミュニケーション　69

（2）初期の言語　70

（3）統語的発達　70

（4）ASD にみられる言語の問題　72

目　次

　　　（5）学齢期で問題となる言語の問題　73

⑤　**注意欠如・多動症（ADHD）**　74

⑥　**言語発達が遅れた子どもを対象とした指導方法**　78

　　　（1）応用行動分析　78

　　　（2）認知・言語的アプローチ　78

　　　（3）語用論的アプローチ　80

　　　　　インタビュー：保護者からの話を聴く②　88

　　　（4）認知・言語促進（NC）プログラム　95

　　　（5）太田ステージによる自閉症認知プログラム　96

第4章
# 言語障害と他の障害の併存について …… 101

①　**構音障害**　101

②　**吃音**　102

③　**言語発達の遅れ**　104

④　**クラタリングの可能性を疑う**　105

　　　（1）クラタリングとは　105

　　　（2）クラタリングと吃音の違い　107

第5章
# 場面緘黙とは ……………………………………… 113

①　**基礎的な知識**　113

②　**指導介入方法**　114

③　**指導介入する際の留意点**　117

vii

**( 4 )** 適切な支援の場とは　117

## 第6章
# 複数の障害を重複する児童への指導 …… 121

**( 1 )** 支援の優先順位　121

**( 2 )** 発話・言語能力包括アセスメント法開発の背景　121

**( 3 )** ことばの教室での障害の重複　123

**( 4 )** 吃音と ASD のあるケンジくんの事例　126

（1）事例の概要　126

（2）アセスメントの結果　126

（3）指導の経過　129

（4）指導結果まとめ　129

**( 5 )** ことばの教室への入級をめぐって　131

## 第7章
# 言語障害通級指導教室の今後の在り方を探って …………………………………………………… 135

**( 1 )** 柘植雅義先生との対談　135

**( 2 )** 言語障害のある児童への指導・支援の未来
：対談を終えて　143

おわりに ………………………………………………………………… 147

第 **1** 章

# 一 般 的 な 言 語 発 達

## ① 発音

　私たち日本人が生を受けて最初に発することばらしいものは「ママ」「マンマ」「ブーブー」などが多いです。これらの音は最も簡単な方法で作られます。上下の唇を合わせて離すタイミングで音を作る「両唇音」です。外国の子どもについても同様で、[p][b][m]の音で作られる言葉から話し始めます。生まれた時の子どもの言語に関する感覚は、世界中で似ていると考えられています。どこの国で生まれても、赤ちゃんにはどこの国にいるかという認識がないため、どの言語音も弁別できる状態なのです。ところが、その子どもの親が話す言葉やその他の人々の言葉を聞くようになると、自分の国の言語で話される音に対する感性が高まります。そして、そうでない音を聞き分けることが難しくなります。

　生まれたての子どもにとって、言語を話すかどうかは重要な課題ではありません。まず、生まれた瞬間から泣くのは呼吸をして酸素を取り入れるための行為です。それは、最も早期の発声練習といえるかもしれません。この反射的で、感情的な声を出す時期を「叫喚期」と呼び、段々と機嫌の良い声を出すようになります。まだ、ことばのような声にはならなくても、機嫌の良い声を出すようになることを「クーイング（非叫喚）」といい、泣き声の段階より一歩進んだ状態です。

　この頃、つまり3〜4か月くらいの時に首がすわり（定頸）、首から上だけ

1

を分離して動かすことができるようになると、どこから音が聴こえるのか（音源定位）について確認ができるようになり、音が聴こえると振り向くようになります。このような段階に達すると、発声も段々と意図的になり、クーイングの機嫌の良い声は「アムアムアム」というような、お話しているようなものに変わります。これが喃語です。喃語には、これから話そうとする言葉の練習をしているかのように、反復されるものが多く含まれますが、いくつか種類があることが知られています。同じリズムで繰り返されるもの、一般的な単語に近づいているものなど、さまざまです。このように、喃語は段々と、初語の発音に近づいていきます。ちょうどこの時期が1歳より少し前頃とされますが、同時期に重要な社会性の発達段階を迎えることになります。

　1歳に近づくと子どもは、お母さんやお父さんと身体を使って遊ぶだけでなく、一緒に玩具で遊べるようになります。このことを、発達心理学では2項関係から3項関係への発達の移行と捉えます（やまだ、1994）。3項関係になると、「ママとぼく」「パパとわたし」というような2項の関係ではなく、ママとぼくがいっしょに同じ玩具を見ながら遊ぶ、ということができるようになります。この3項関係が、言語・コミュニケーションの発達においてはとても重要だと考えられています。多くの育児書では、同じ物を見ている状態が成立している（共同注意）という前提で遊べるようになることは社会性の発達において大変重要な課題だと説明されます。これはなぜかというと、2項の関係での言語の使用においては、子どもが親に、「あれがほしい」「こうしてほしい」というような要求を伝えることに限定されますが、3項の関係では「ブーブーがいっちゃったよ」とか、「（つみきの山が）ドーンっておちてきちゃった」など、今こういうことが起きました、という伝達（叙述や報告）になるからです。要求だけを伝えるより、叙述や報告をした方が、言語発達においては高次であるとみなされるからです。

　話をもどすと、赤ちゃんの原始的な発声は自分の感情を発散するものでしたが、それは段々と周囲の人に対してうったえる声になります。そのうったえる内容が、自分の生理的な欲求である場合から、自分の欲求とは直接的に関係のない伝達に変わります。このことが、人間としては洗練された状態であるということになるのでしょう。叙述や報告というのは、それをしなくては自分が不

快とする状況から抜け出せる、という生活に必要な種類のものではなく、発信されなければそれで済むことです。現在の発達心理学や言語障害学では、この基準どおりに進むことが正常な発達であり、8〜9か月頃になると共同注意がみられることや3項関係が成立していることを確認すべきであるということが常識です。

しかし、もしそうであれば、自分の子どもがもし、生まれてからすぐに泣かなかったら、あるいは、首が座るのが遅れたり喃語を発していなかったりしたら、どう捉えるべきでしょうか？　幼稚園にいる子どもが3項関係に進まずいつまでも2項関係で、叙述や報告をしない子どもだったらどうするのでしょうか。一般的な発達は上記のように説明されることが通常ですが、こういった一般的基準に該当する子どもはどれくらいいるのでしょうか。研究者が調査した結果の平均値や中央値、あるいは標準偏差などを使って一般的な発達の規準が作られていると考えられますが、多様性を重要視する現在であれば、現実との誤差についても話題にされるべきだと考えます。

さらに、子どもの発音の中で興味深いのは、発達途上では、完全な語形になっていないがそれに近いような音で言ったりすることです（例：「ひこうき」→「ぽーきー」、「りんご」→「いんご」）。特に、1〜2歳の子どもの発話にはこのような惜しい発語の例は結構みられます。しかし、この時期にこのような発話があったとしても発音の誤りとは認められず、言語発達の自然な姿だと捉えられるでしょう。専門的には、正確な発音に近づくために子どもが試行錯誤している姿であるともいえそうです。しかし、子どもにとっては、可能な能力を出し切った結果です。こういう場合に、叱られたり注意されたりすると自信を無くしたり、話そうという意欲が低下してしまいます。子どもの発達が進むと、発音はこなれてきます。成人と同じような言い方ができるようになるのが一般的です。しかし、一部の子どもには、正常な発音の獲得が難しい場合があり、訓練を受ける対象となる場合があります。発音を治す専門家においても、正確な発音にこだわる場合と、日本語として通じるレベルを目指すのでいい、と考える場合があります。

話題は変わりますが、人間の音声言語は鳥と似ていると捉えられることがよくあります（細川，2016）。鳥が音声を発するのには、自分の身を外敵から守

り生存するため、餌を入手するため、子孫を残すためという明確な目的があります。つがいになった鳥は、相互のコミュニケーションも成立するそうです。さらに、人間だけでなく、鳥にも「喃語」といわれるものがあり、「ぐぜり」というそうです。鳥も周囲の他の鳥のさえずりを聴いてさえずりを学習するため、独り言のように歌や発声を練習する時期があるようです。若鳥の「ぐぜり」と幼児の「喃語」に共通点を見出したこの分野の学者たちは、それぞれの脳活動を調べる研究を進めています。今後は鳥と人間の類似性がもっとわかるようになるかもしれません。鳥と人間は音声を手がかりにコミュニケーションをとるという共通点があります。一方で、鳥の方が脳の容量が小さく、構造もシンプルなので、「なぜ、音声で知らせるのか（さえずるのか）」というような発声の動機について明らかになる可能性があります。鳥の歌声と人間の話しことばは発達初期の限定的な期間に学ばれるということも共通しています（Simonyan, Horwitz, & Jarvis, 2012）。聴覚的な経験やフィードバックを通じて一定の期間にのみ学習されることについてもその背景がもっとわかるようになるのが楽しみです。

 流暢性

　一般的に、「発話の流暢性」とは第二言語の習得状況を示す用語です。もし、その話し方がよどみなく流れるようであり、詰まっていない場合は「流暢な話し手」ということになり、高く評価されます。しかし、吃音のある人の「非流暢」となると、第二言語の「非流暢」とは意味が異なっています。吃音のある人は、次に言うべき単語やどのように発音するかを、知らないわけではありませんが、出だしでつまっているのです。一方で、第二言語習得者は、次に言うべき単語を引っ張り出すことにまず、つまずき、発音の仕方でも苦労します。前者は、発話の非流暢性で、後者は言語学的な非流暢性ということができます。

　フィルモア（Fillmore, 1979）は、流暢性は「意味論的な流暢性」、「統語的な流暢性」、「語用的な流暢性」の3タイプに分けられると説明しました。意味論的に流暢な話者は、語彙の豊富な話者です。その場に合った適切な単語を並べて上手に話せる話者を指しています。統語的に流暢な話者は自分の考えた、

第1章　一般的な言語発達

頭の中にあるメッセージを正確に言葉にして話すことができる話者です。語用的に流暢な話者は、今、どのように話すことが最善であるかについて巧みに気づいて、様々な状況下に応じた話し方のできる柔軟な話者を示します。しかし、フィルモアは音韻論的に流暢な話者については触れていなかったようです。おそらく、音韻論的に流暢な話者は、複雑な音韻構造の（濁音や促音、拗音などを複数含む「マサチューセッツ州」「マダガスカル」のような）単語や多音節語（多くの音節で構成される「おこのみやき」「肩たたき機」のような）単語を言い誤ることなくスラスラと正確に発音できる人のことだろうと推測されます。アナウンサーやナレーターができる人の話し方です。

　ここで、吃音のある人の非流暢性について考えてみます。特に吃音のある大人の場合は、次に言うべき単語が思いつかず、言い淀んでいるわけではなく、文章が組み立てられないというわけでもありません。このように考えると、彼らは言語学的には流暢性を保っているといえるでしょう。一方、判断しづらいのは子どもの場合です。言語獲得期の子どもは、言いたいことが沢山あるのに、まだ十分な語彙がなく、口の器官も未発達であるために、言葉がスラスラ出てきません。したがって、彼らがつっかえる場合は、言語学的な非流暢であるともいえます。非流暢性は、子どもの発達にとってマイナスであるかのように思われる場合もありますが、ある程度長く話せるようにならないと、逆につっかえて話す、ということは起こりません。つまり、ある程度お話しができるようにならないと、吃音になりえない、ということになります。

　筆者が聴いた範囲で、最も早く吃音が出始めた、という人の話でも大体2歳代です。ただ、多くの親が、自分の子どもの話し方がつっかえている、ということを経験していると思われます。それは、子どもの話し方というのは、常に、少しでも上手に話せるようになるためのチャレンジの結果であり、失敗に失敗を重ねて上手になるからです。そのため、子どもの話し方は試行錯誤的になり、少し話しては言い直したり、始めの音を繰り返したりします。このような非流暢は発達が進むと自然に消えていくのです。しかし、一部の子どもには、言語獲得期を過ぎても非流暢性が残っています。幼い頃に吃音のような症状がみられた子どものうち、70〜80％は自然に回復することがわかっています（Yairi & Ambrose, 1999）。一方で、約30％の子どもの吃音は持続するこ

5

とになります。

　さらに、発話の非流暢性というのは、吃音のある幼児や児童・生徒だけにみられるものではありません。研究によると、知的障害や発達障害のある児童・生徒にも発話の非流暢性は頻繁にみられることがわかっています（宮本, 2019）。これについては、別の章で触れることにします。

 **語彙と文法**

　言語発達関係の教科書では、始語（初語：ことばの始まり）は1歳で、二語文は2歳で、三語文は3歳くらいにはじまると説明されることが多いです（深浦, 2022）。子どもの初めてのことばは「おかあさん」「くるま」のように完成された語形ではなく、「マンマ」「ブーブ」など、喃語の延長のような形で話されます。「マンマ」は母親を指すことばであり、「おなかがすいた」と言う意味で食べ物を指す場合もあり、乳幼児にとってはとても便利なことばです。発達初期に獲得された語彙は、このように汎用的に（一つのことばでいくつかの意味内容を示す形で）用いられることがわかっています。

　では、実際に語彙はどのように増えるのでしょうか。特に、1歳代から2歳代にかけてのボキャブラリーバースト（語彙の急増）に注目して考えてみましょう。この時期の子どもの語彙は、徐々に増えるのではなく、急激に増えることが特徴的です。始語が50語までに増えるのはあっという間で、約50語を獲得した頃に二語文での発話が始まるといわれます。一語、一語を丁寧に積み上げていくというイメージではなく、ある時に急増するということは、乳幼児は母語が構成する言語のルールを学習している証拠だとされます。このバーストは、語彙の獲得のみでなく、文法の獲得にも関係するとされます。2歳代以降の文法バースト（文構造が急速に発達すること）（綿巻・西野, 1997）についても知られています。2歳児が比較的初期に話す2語文は「ママのくつ」にみられる「所有者」＋「所有物」の形や「パパかえった」の「行為者」＋「行為」の形、「りんごいる」の「要求対象」＋「要求」の形などがあげられます。このような二語文がどのようにして発達するのでしょうか。文法の発達についてはいくつかの理論があります。例えば、言語が異なる国々においても、子どもの二語文はやはり上記のような形で始まることがわかっており、そうな

ると、文法能力には、言語の特徴を超えて、まずは子どもが物を捉える認知の発達と関係があることが推測されます。

発達心理学者の内田（2007）は「人間の言語は複雑で恣意的（しいてき）である。にもかかわらず、世界中の普通の子どもは生後5、6年という短期間のうちに、母語の流暢な話し手になってしまう。」と述べ、子どもはルール生成の天才であると表現しました。この立場の発達心理学者は、文法の理解は、ルールの理解と生成であるということを前提として考えます。岩立（2006）は言語獲得のルールはローカル・ルールからグローバル・ルールへ発展すると述べています。つまり、局所のルールからより壮大なルールへと広がることを示しています。大人の場合は、ゲームなどのルールについても先に重要なことを網羅的に知ってから細かい点に目を向け、遊び始めることが多いと想像されますが、子どもの場合は、実践的に経験しながらルールを学び、やがて全体を覚えることが多いことと通じているようにも思えます。文法構造が大きく成長する時期と、格助詞や形容詞を学習する時期は概ね、同時期であることも、言語獲得には有利に働いているようです。ただし、言語学にはさまざまな立場があり、これとは異なる考え方もあります。

このように、言語獲得についてはさまざまな理論がありますが、その一つに、子どもは大人が笑顔で反応してくれたり、「そうだよ」という表情を返してくれたりすることで、「今、言った自分のことばは正しかったんだ」と確認することができ、単語や表現を覚えていく、というものがあります。特に1歳前後の子どもは、伝わった感触や要求が叶えられたかどうかを自分自身で確認し、また次の機会には、その成功体験を活かして同じようなことばを使います。このような考え方に基づくと、子どもが発信する些細なことばにも耳を傾けて、「今ので通じたよ」ということを表情やことばで返していくような基本的な関わり方が、とても大切なのかもしれません。

## ④ ナラティブ

ナラティブ（narrative）とは、時間的に連続した、順序のある話のことです。1〜2歳の子どもは、1〜2語文でしか話さないから物語ることが難しいと思われるかもしれませんが、親が話しかけ、手助けをすることによって、成

立しているとも考えられます。具体的には、子どもが表出した短いことばに対して、親が抑揚をつけたり、話を加えたりして、話を返し、続けていくことから、ストーリー性が生まれます。子どもはその一連の流れを、楽しみながらよく見て聴いており、少し記憶することもできると考えられています。このように、発達初期の段階から実はナラティブの発達は始まっており、大体5歳くらいになるとかなり上手になるといわれます。その前くらいから、子どもの物語は「叙述」や「報告」という形から発展し、気づくと、これまでに体験した普通ではないこと、特別なことを告げようとしたり、いつも目にしているものとの違いについて説明しようとしたりするようになります。本来、私たちが誰かに話したいという欲求を持つことは、この辺りに源があるのかもしれないとも考えられます。

　しかし、子どもの話は、聴いていても内容が一向によく分からない、ということがよくあります。その理由の一つとして、第三者的視点が欠けていることがあるでしょう。この視点が欠けると、主語が省略されたり、その他、話の理解に必要な部分が話されなかったりして、とても自己中心的な話し方になるに違いありません。この時期を過ぎて、5歳後半くらいになると、自分の話をモニタリング（客観視）できるようになり、聞き手の視点に立てるようになるのです。この過程で、子どもの話がよく分からないから聴くのをやめたり、「何言ってるかわからないよ」と言って放っておいたりすると、どうなるでしょう。その子どもは、いつまでたっても第三者的視点の欠けた、意味が通じにくい話し方から抜けきれなくなるように思います。日本の小学校には国語がありますが、読み書きや音読や読解、作文の教育はされても話し方にあまり授業の時間は割かれないのではないでしょうか。教室での対人的なトラブルや大人になってからの揉め事についても大体、相手の気持ちを考えずに無神経なことを口走ったり、つい、言ってはいけないことを口にしたりと、話し方が下手であるためにそのような状況に陥っていることはよくあるのではないかと思います。話し方というのは、成人してから、ますます必要になるスキルであり、子どもの頃からよく学ぶ機会があると、成人してからの人間関係においても活かすことができるのではないかと考えます。

# ⑤ 健診でのことばの相談

　日本では、母子保健法に基づき、1歳6か月健康診査（健診）、3歳児健診（地域によっては3歳児半健診）、5歳児健診などがあります。これらの健診では「現在、どんなことばが出ていますか？」というような質問が問診票に入っており、ことばの発達が遅れている場合は、相談できる場となっています。子どものことばが遅れ、何らかのフォローが必要だと判断された場合は、継続的に相談できるようになります。場合によっては、療育通園施設での指導を受けることが望ましいと判断され、紹介されることもあります。療育通園施設では、言語聴覚士や医師の他、作業療法士や心理士などの専門家による評価や支援が受けられるようになります。しかし、公的な療育施設では概ね、就学後のフォローは行われていないため、特に言語障害についての指導や相談について、学齢期以降は、学校教育現場での制度を利用するのが一般的です。

　例えば、脳性まひやダウン症などの障害があると、生まれてから少なくとも1年以内には医学的な診断が確定すると思います。しかし、軽度の知的障害や発達障害などについては、その他の時期にわかることが多く、場合によっては子育てをしている親にとって、辛い状況があるに違いありません。ことばの遅れがあると言語障害の専門家を訪ねることになるので、言語聴覚士は子どもの障害に最初に気づく人になることも少なくありません。しかし、親にとっては、突然、子どもの発達に対する指摘があるとショックを受けてしまう可能性もあります。そういう意味では、最初に子どもの発達の遅れを指摘する専門家として、慎重にことばを選ぶ必要があります。また、指摘だけすればいいのではなくて、その後、どうしたらよいのか、どこに行けばいいのかを丁寧に助言しなくてはならず、その準備がない場合は、安易に伝えるべきではないと思われます。支援者は、障害について告げられた時の親の気持ちを手記やインタビューを通して学び、どのような伝え方が良いのかをよく勉強した上で実践することが必要です。

## インタビュー：保護者からの話を聴く①

　健康診査を経て、子どもが地域の発達センターにつながった経験のある、梅原文子さんから、その時の状況についてお話をうかがいました。梅原さんには、言語発達障害のある子どもを対象とした指導・支援法について説明をしている第3章6の(3)「語用論的アプローチ」の部分で詳しいお話しをうかがっていますが、まず、子どもが幼少期に診断を受けた前後の時期についての話をここで紹介します。

◆————————————————————————————————————————————————————————◇

**宮本**：梅原さんは、確か、健診から直接、療育につながったのではなかったような気がしますけど、どうだったでしょうか？

**梅原さん**：勝義は1歳6か月健診の時にことばが出ていなかったので、保健師さんに「お母さん働いてるの？　もっと子どもに沢山声かけをしましょうね」と言われて本当にショックでした。結婚当初は共働きで、出産を契機に仕事を辞めていて、既に働いていないし、子どもを可愛がっていたのに。後に、自閉症と診断されたことを考えると、沢山話しかけたからどうなるってことではなかったと思います。ただ、別の保健師さんが気にかけてくださって、「市の幼児教室があるけど行ってみる？」と言って促してくれました。4歳の時に発達センターに行き始めて「自閉症」の診断を受けました。その後に、知り合いが勧めてくれて筑波大学での教育相談が始まりました。当時は下の子どもとお父さんと家族4人で面接に行きました。

◁————————————————————————————————————————————————————————▶

　梅原さんの場合は、最初に指摘を受けた専門家のことばに傷ついた経験をお持ちです。「お母さん働いてるの？」という質問は、そんなに悪い質問ではないようにも思えますが、子どもに発達の問題があって、そのことを気にしている母親にとっては、自分が責められたような感じを受けてしまうのも、無理もない状態かもしれません。では、どのように説明するのか、という正解はないと思いますが、少なくとも、子どもの様子や行動のどういう面の発達が心配なのかを具体的な例を挙げて説明し、療育施設や医療機関の受診を進める理由についても、わかりやすく話す必要があると思われます。

## 引用文献

Fillmore, C. J. (1979). On fluency. In C. J. Fillmore, D. Kempler, & W. S. Y. Wang (Eds.), *Individual differences in language ability and language behavior* (pp. 85-101). Academic Press.

深浦順一（編集主幹）（2022）．図解言語聴覚療法技術ガイド　第2版．文光堂．

細川博昭（2016）．鳥を識る：なぜ鳥と人間は似ているのか．春秋社．

岩立志津夫（2006）．生得論と使用に準拠した理論で十分か？：社会的・生物的認知アプローチ．心理学評論，49(1)，9-18.

宮本昌子（2019）．クラタリング・スタタリングを呈する児童の発話特徴：構音速度と非流暢性頻度の測定．音声言語医学，60(1)，30-42.

Simonyan, K., Horwitz, B., & Jarvis, E. D. (2012). Dopamine regulation of human speech and bird song: A critical review. *Brain and language*, 122(3), 142-150.

内田伸子（2007）．子どもは文法をどのように身につけるのか：子どもはルール生成の天才．月刊言語，36(11)，36-45．大修館書店．

綿巻徹・西野知子（1997）．平均発話長の伸びと助詞の発達．日本教育心理学会総会発表論文集39，p.25.

Yairi, E., & Ambrose, N. G. (1999). Early childhood stuttering I: Persistency and recovery rates. *Journal of Speech, Language, and Hearing Research*, 42(5), 1097-1112.

やまだようこ．（1994）．第20回日本聴能言語学会学術講演会教育講演1 ことばの前のことば．聴能言語学研究，11(3)，145-147.

# 第2章 ことばの教室での支援

## 1　ことばの教室とは

　ことばの教室というのは、小学校・中学校の中にある言語障害通級指導教室の通称です。教室によっては、聴覚障害も対象としており、その場合は「きこえとことばの教室（ことばときこえの教室）」と呼ばれています。地域や教室によっては幼児の教室を設置しているところもあります。平成28年に学校教育法施行規則の一部改正として「高等学校における通級による指導の制度化」が公表されて以降、高校での通級も始まっていますが、高校でのことばの教室については、まだ全国での数校の教室がみられるのみです。

　ことばの教室に通うきっかけとしては、療育通園施設からの紹介や就学時検診での相談、あるいは就学後に学級担任を介した紹介などが主となり、教育委員会を通して通級となるかどうかが決定されます。筆者は、東京都世田谷区のことばの教室[注1)]で行われる「ことばの教室夏の相談会」での入級審査に毎年携わっていますが、この相談会には、主に小学校1年生の親子が参加し、ことばの教室の教員や専門家との話し合いの結果、入級が決定する場合があります。その他、直接、区や市町村の教育委員会へ相談し、入級に至る場合もあり、きっかけは様々です。

---

1）東京都世田谷区のことばの教室：世田谷区には烏山北小学校きこえとことばの教室、砧小学校ことばの教室、九品仏小学校ことばの教室、駒沢小学校きこえとことばの教室、がある。

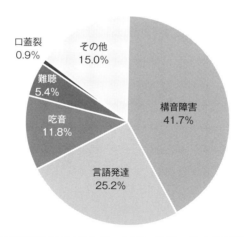

**図1 ことばの教室で指導を受ける幼児・児童・生徒の障害種別構成比**
久保山茂樹（2017）．平成28年度全国難聴・言語障害学級及び通級指導教室実態調査（p. 6）国立特別支援教育総合研究所をもとに筆者作図。調査対象には特別支援学級と通級指導教室が含まれる。小学校以外に、幼児と中学生を対象とした教室も含まれている。

　通級の形態は都道府県により異なっているため、一律に説明することが難しいのですが、一般的には、知的障害のみられない児童が対象となります。それは、知的障害のある子どもは知的障害の特別支援学級があるからです。したがって、ことばの教室で対象となるのは主に、知的障害のみられない「構音障害」「言語発達の遅れ」「吃音」ということになります。久保山（2017）の調査では、指導を受ける人数が、構音障害（41.7％）、言語発達の遅れ（25.2％）、吃音（11.8％）の順となっています（図1）。「構音障害」「言語発達の遅れ」「吃音」のそれぞれについては、この後の章で詳しい説明をしていきます。まず、問題として取り上げたいのは、一般的にことばの教室があまりよく知られていないという実態です。筆者が担当している大学の授業で紹介すると、初めて知ったという学生からの声も多く聞かれます。全ての学校に設置されているわけではないこと、自分の学校にあってもあまり紹介されていないという理由で、その存在が明らかになっていないことが多いようです。しかし、ことばの教室に通っている子どもたちは、通常学級のクラスメイトからの理解を必要としている場合もあり、教室の存在自体がもっと通常学級で紹介されてもいいのではないかと考えます。ことばの教室は、既に通級指導教室となっている学級

第2章　ことばの教室での支援

が大半ですが、特別支援学級として運営されている学校もあります。通級指導教室の場合は、週に1回あるいは2週間に1回くらいの頻度で通うことができます。自分の学校にある場合は自校通級、ない場合は、ことばの教室のある学校へ他校通級します。基本的には、教師と子どもの1対1で個別指導として行われます。1回の指導時間については、授業の1コマ分として設定される場合、あるいは2コマ分が設定され、約90分の中で個別指導とグループ指導を分けて行う場合などがあります。

　どのようにすれば、ことばの教室での指導が受けられるのか、また、指導の終結はどのように決まるのかについては、保護者の方の関心が高いと思います。地域によって様々ではありますが、この後のインタビューで、担当教員にその点について質問してみました。

　また、ことばの教室で働くきっかけや、働きたいという希望がある場合は、どうすればいいのかについても聞いています。現在は、すぐにことばの教室で働くことを目指した進路選択は難しく、まずは小学校の教員になって、その後に学校での配属の調整により、ことばの教室に行けるかどうかが決まる状況です。しかし、もし、ことばの教室で勤務したいという希望があった場合に、どのようにすればいいのか、参考になる話を聞きたいと思いました。さらに、ことばの教室での仕事の内容ややりがいについてもお聞きすることができました。

## インタビュー：現場の教員からの話を聴く①

　一人目は、府中市立住吉小学校きこえとことばの教室に勤務されている髙橋三郎先生です。髙橋先生は、東京学芸大学卒業後、同大学大学院へ進学し修士号・博士号を取得されました。修士課程終了後と同時にことばの教室での勤務を始められており、15年間の経験があります。髙橋先生のご専門は吃音で、博士（教育学）を有しています。髙橋先生とは学会でお会いしたり、私の後輩にあたる先生が仲良くさせていただいたりしているので、そのご縁で共同研究をするようになりました。現在でも一緒に吃音や早口言語症の研究を行なっています。先生は、小児の吃音について、言語学的な手法による研究で多くの論文を書かれているとともに、ことばの教室でも圧倒的な指導力を示されて文部科学省等から受賞もされている先生です。

15

**宮本**：子どもの入級はどのように決まるのでしょうか？

**髙橋先生**：私のいる市では、一度ことばの教室で入級相談をします。そこで言語系の検査を実施し、その上で、指導の必要性の有無を検討します。その結果を踏まえて、市の入級検討委員会がことばの教室の入級を判定します。入級することが適当と判断されると、ことばの教室に入級することができます。

**宮本**：ことばの教室にはどういう子どもが来ていますか？

**髙橋先生**：吃音や、構音障害、言語発達遅滞、学習障害（読み書き）のある子どもが通っています。吃音と構音障害、吃音と言語発達遅滞のように、複数の障害種をあわせ有する児童も少なくありません。

**宮本**：もし、通常学級にいる子どもで保護者がことばに心配を持たれている場合、まずはどのようにしたら良いのでしょうか？どのようにしたらことばの教室に入ることができますか？

**髙橋先生**：私のいる自治体では学校から市の教育委員会に申し込む形になります。子どものことばに心配があるようでしたら、まず担任の先生に相談することをおすすめします。

　なお、申し込み方法は自治体によって異なりますが、多くの場合、学校に問い合わせれば答えてくれると思います。

**宮本**：ことばの教室にはどれくらいの頻度で、どれくらいの期間通うのですか？

**髙橋先生**：基本的には週に1回45〜90分の指導です。通う期間については保護者や本人、担任の先生等と話し合いながら決めますが、障害種によって大きく異なります。吃音だと半年から2年ぐらいの児童が多いように思います。構音障害は誤り方によって大きく異なり、2か月で終わる場合がある一方、3年以上かかる事例もあります。

**宮本**：ことばの教室の終了は、どのようにして決まりますか？

**髙橋先生**：児童の状態や保護者のニーズ、学級適応の状態を踏まえて、総合的に判断します。吃音の場合でしたら、①周囲の児童が吃音について理解しており、からかいなどが生じていないこと、②吃音のことを尋ねられたりからかいを受けたりしても周囲の人に助けを求めながら、適切に対応できること、もし

第2章　ことばの教室での支援

くは、少なくとも知識としては身についていること、③吃音頻度が高いなら、症状を一時的に抑制する話し方を身に付けていること、の3点がことばの教室の終了の一つの目安としています。いずれの場合においても、担当者が一方的に指導終了を決める訳では無く、保護者や本人、学級担任との相談の上、決めていきます。

### インタビュー：現場の教員からの話を聴く②

　二人目は、足立区立弥生小学校きこえとことばの教室で勤務をされている大井梨絵先生です。大井先生は、東京学芸大学を卒業され、卒業後に東京都内の小学校で教員として勤務されました。大井先生とは前任校のきこえとことばの教室で出会いました。当時、大井先生は若手で駆け出しの先生でしたが、子どもの指導方針についてずば抜けて明快な展望を持たれていて斬新さもあり、一本筋が通っていたのと、ベテランの先生に囲まれていてもお若いのに物怖じせずはっきり発言されている姿がとても印象的でした。現在は、若手を牽引するような中堅の先生に成長され、ますます素敵な先生になられています。

**宮本**：大井先生は、ことばの教室に入られるまでにどんなことを学んでいらっしゃったのかをお聞きしたいです。

**大井先生**：もともと中学・高校生のときに特別支援教育や障害のある子どもの教育に興味があって調べたところ、言語聴覚士[注2)]が自分に合っていると思い、目指すことにしました。言語聴覚士の勉強をする前に、4年制の大学で学ぼうと思い、言語障害専攻のある大学に進学しました。大学では言語障害と聴覚障害を学びました。結局言語聴覚士にはならず、ゼミの先生の勧めで教員になりました。

**宮本**：特別支援教育の中で、なぜ、「言語障害」の専門に進まれたのでしょう？

**大井先生**：きこえの教室やことばの教室で働きたいと思っていても、すぐにそ

---

2）言語聴覚士：言語障害や聴覚障害、ことばの発達の遅れ、声や発音の障害などのある人に支援を行う専門家。言語聴覚士は1997年に国家資格として制定され、国家試験に合格して厚生労働大臣から免許を受けています。2023年には約4万人が登録しています。

こで働くことができるわけじゃないんですよね。まずは小学校で通常学級の担任をするのかと思っていましたが、一年目から「きこえとことばの教室」に行けることになりました。これはラッキーなことでした。

**宮本**：それは、大学で特別支援教育を学んでいたからなのでしょうか？

**大井先生**：はい、そうですね。

**宮本**：では、ことばの教室ではどんなふうに働いているのか、興味がある方も多いと思うので、教えていただけますか？

**大井先生**：1日としては、1回90分の指導を、朝8時45分から夕方4時半まで、4コマやっています。指導だけでなく、教室全体の運営会議や子どもたちの指導についてケース会議だったり、研究、あとは子どもが通っている小学校や保護者の方との連携、あとは「ことばの教室に入った方がいいですか？」というような問い合わせに対応する教育活動に、指導以上の時間を割いてやっています。

**宮本**：ことばの教室の仕事で印象に残っていることがありましたら教えてください。

**大井先生**：「ことばの教室」自体の知名度がどの地域でもあまり高くない今の状況でも、知っていただいていることがわかった時です。また、環境調整がうまくいった時、初めてことばの教室の担当になった先生が、「ことばの教室って面白い」って言ってくださったりした時に嬉しいと思い、印象に残っています。

**宮本**：子どもについて印象に残っていることがありますか？

**大井先生**：ことばの教室で担当する子どもがどんなふうになったら卒業かということをいつも考えるのですけど、指導計画を立てて、そのとおりに進んで卒業する時にはいつも涙、涙で見送る感じです。中には教員を目指している子どももいるので、そういう自分なりに進路を選んでいるのを知ると嬉しいと思います。

## ご紹介：ことばの教室を担当する有名な教員

世田谷区立烏山北小学校きこえとことばの教室に勤務されている阿部厚仁先生は、ことばの教室の経験が40年間あり、令和6年度は再任用3年目、通算

41年目となる大変著名な方です。「週刊あべ便り」は全国の関係者約100名に郵送されており、「きこえとことばの教室」に関する情報が発信されています。自作の詩「あしたもあそぼう」などを冊子にして教材とされており、図2の写真では、先生がその冊子を持っています。阿部先生は「特別支援教育の中で言語障害教育担当者として何ができるか、何をすべきか」という「コミュニケーション障害学」の特集において「通級による指導では、通級児自身への指導はもちろん、家庭と在籍学級への働きかけも重要な指導内容と考えている」と述べられています。それは、「学校教育における『ことばの教室』の教育目標は、在籍学級の中で生き生きと自分を表現できる子どもの育成にあるからだ。」そうです（阿部, 2007）。この考え方は、通級指導教室において一生懸命指導されている先生方には馴染みにくい場合もあるかもしれませんが、非常に重要な観点だと思います。通級は舞台裏で、通常学級がステージという言い方もできるそうです。通級で教えた教員の前だけでなく、その成果が児童を取り巻く様々な生活場面で花開くことに、教育の本質があるのだと阿部先生はおっしゃっているのだと筆者は解釈しました。

**図2　烏山北小学校きこえとことばの教室の阿部厚仁先生**
教室に向かう階段にはいつも季節に合わせた書道や絵などの作品が飾ってある。
右の掲示物も阿部先生の作品。

## 2 構音障害

　構音は言語学では「調音」と呼ばれ、喉頭（のど）より上の器官をさまざまに動かすことによって気流に影響をあたえ、いろいろな種類の音を作りだすことを示します（斎藤，2006）。「発音がはっきりしない」「サ行音が言えない」などの発音に関する問題を「構音障害」といいます（加藤・竹下・大伴、2012）。

　小児の構音障害は、表1のように分類されます。

### (1) 機能性構音障害

　機能性構音障害は、「たいこ」を「かいこ」、「かめ」を「ため」のように音節の子音の部分が他の子音に置き換わったように（「たいこ（taiko）」の場合は「た（ta）」の「t」の部分が「k」に置き換わり「かいこ（kaiko）」のように）聴こえる障害のことをいいます。多田・阿部（2003）によると、6歳以下ではサシスセソ、ジャ・ジュ・ジョ、ツ、カキクケコ、ガギグゲゴの音が他の音に置き換わることが多いといいます。7歳以上では「キ」「ギ」「ケ」「ゲ」のように、置き換わりが起きやすい音がより限定されるようです。

　子どもによっては、「はっぱ」が「あっぱ」となる場合もあります。この症状は、「はっぱ」の「は（ha）」の「h」の部分が省略されたと捉えます。上記の置換（置き換わり）の症状と比べると、「省略」は誤って聴こえる程度が弱

### 表1　小児の構音障害の分類

| 構音障害の種類 | 特徴 |
|---|---|
| 機能性構音障害 | 構音器官の形態や機能に異常がなく、原因が明らかでないもの　例：置換、省略、歪み |
| 器質性構音障害 | 構音器官の形態や機能の異常に起因するもの　例：口蓋裂、舌小帯短縮症 |
| 運動性構音障害 | 発話の実行過程にかかわる神経・筋系の病変に起因するもの　例：脳性まひ |

阿部雅子（2003）．構音障害の臨床―基礎知識と実践マニュアル―(p. 4) 金原出版を参考に筆者が作成した。

く、正しい音に近く非常に惜しい状態であるともいえます。幼い子どもは構音の獲得段階でこのような誤り方をよく経験することになります。発達の過程では、子どもは、自分が行うことができるベストのパフォーマンスを発揮しようとします。行うべき対象が未獲得である場合は、それに最も近いと思われる自分の最良のスキルを使い、補おうとします。それを時には間違い、繰り返しながら、正しい「はっぱ」の発音に近づこうと試していくのです。

　似たような現象では、「くつ」を「くちゅ」、あるいは「せんせい」を「ちぇんちぇい」というように赤ちゃんことばを使う子どもの例があります。幼児期にこのような発音の誤りがあったとしても、構音障害とは判断せず、専門的には「未熟構音」と呼ばれます。加藤・竹下・大伴（2012）は2歳前後の子どもは舌先を使うサ行やシャ行がタ行やチャ行に置き換わる例（サカナがタカナ、あるいはチャカナ）が多いこと、カ行やガ行はタ行やダ行に置き換わる例（カメがタメ、ガムがダム）が多いことを示しています。このように置き換わる音は、発達の後の段階で獲得する音に多くみられることもわかっています。つまり、より難しい舌の動きがまだうまくできないために、赤ちゃんことばのようになっているというのです。このような誤り方、つまり未熟構音は自然に改善されていくのですが、発達途上にみられないような特異的な構音操作（口の器官で行う運動）が4歳くらいからみられる場合があります。特異的な構音操作を行うと、通常の日本語の音にはみられないような種類の音の響きとなって歪んで聴こえます。また、自然に改善されるはずの誤りが、就学時になっても改善されない場合もあります。現在のところ、なぜこのようになるのかについて

**表2　機能性構音障害の症状の種類**

| 種類 | 誤り方 | 誤りの例 |
|---|---|---|
| 置換 | ある音が他の音に置き換わっているもの | すいか→すいた |
| 省略 | 語音の音素が省略されて母音部分のみになっているもの | てれび→てえび |
| 歪み | 日本語として表記できない音に歪んでいるもの | ケーチに近いケーキ |

阿部雅子（2003）．構音障害の臨床―基礎知識と実践マニュアル―(p. 6) 金原出版を参考に筆者が作成した。

はまだ明らかにされていません。

　これまでに述べたように、一般的な発達途上で一時的によくみられる発音の誤りが長く続いたり、特異的な構音操作を行ったりしているために発音が歪む状態が機能性構音障害といわれるものであり、指導の対象となります。以上に説明した機能性構音障害の種類を、表2にまとめました。

## (2) 器質性構音障害

　器質性構音障害は、発声発語器官の形態や機能に何らかの問題があるために、発音が通常とは異なる状態になるものです。器質性構音障害に当てはまるものには、「口蓋裂（こうがいれつ）」「鼻咽腔閉鎖機能不全（びいんくうへいさきのうふぜん）に関連する疾患」「舌小帯短縮症（ぜっしょうたいたんしゅくしょう）」「歯列咬合問題（しれつこうごうもんだい）」などがあります。

　口蓋裂は胎児期に口唇や口蓋（硬口蓋と軟口蓋がある。図3を参照のこと）の組織が成長せず、器官の咬合が不全な状態で生まれてくる状態を指します。胎児の時に、口や上あごは、左右からできるといわれ、最終的に真ん中で接合することになっています。この時に何らかのトラブルがあると、完全に接合できず裂が入った状態になるのです。この原因はまだ明らかではありません。裂

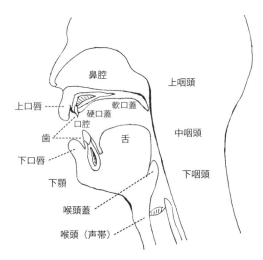

**図3　音声言語表出にかかわる発声発語器官**
阿部雅子（2003）．構音障害の臨床―基礎知識と実践マニュアル―(p. 3) 金原出版をもとに筆者作図。

のでき方により、唇までの裂を伴う口唇口蓋裂と口蓋裂に分けられます。さらに、裂が片側か両側か、という点でも分類されます。表面からはよく見えない粘膜下口蓋裂というのもあります。粘膜下口蓋裂は表面的に裂が見えづらいため、発見が遅れやすくなります。

　口唇裂と口蓋裂は、手術によって治療されます。口唇裂は合併症がなければ体重が6kgになる生後3か月くらいの早さから、口蓋裂は1歳代に行われるそうです（加藤・竹下・大伴，2012）。ただし、手術を行っただけでは、発音の問題は解決しない場合が多く、言語聴覚士による早期からの訓練が必要になります。

　鼻音腔閉鎖機能不全というのは、図3の軟口蓋が、発話の時に鼻腔の方に向かって上に蓋をするような形で動かないために、鼻と口の境が閉じられず、呼気が鼻に漏れる現象を示します。摂食時にも、軟口蓋は挙上（上にあがること）しますが、この不全があると、食べ物や飲み物が鼻に漏れていきます。口蓋裂があると、口蓋に裂ができるため、軟口蓋が挙上する運動が困難であり、鼻音腔閉鎖不全が生じることになります。手術の適用で問題が解決すれば、より正常な発音を獲得できる可能性が増えます。したがって、鼻音腔閉鎖機能不全の評価は、口蓋裂において大変重要です。

　一方、この鼻音腔閉鎖機能不全は、明らかな口蓋裂がみられない場合でも起こり得ることが知られています。これらは、口腔内には明らかに裂がみられないために、発見が遅れることがあるようです（城本・原，2021）。

　舌小帯短縮症[注3]とは、舌の裏側と口の底を連結している「舌小帯」という細長い連結部分が短い状態をいいます。舌小帯が短いと、舌の動きが悪くなり、特に上に挙げることが難しくなります。その影響で、音の歪みや置換などの構音障害が生じます。舌先をどれくらい挙げられるかにより重症度が評価されますが、重度か中等度の場合は、手術が適用されます（加藤・竹下・大伴，2012）。手術後の言語訓練も併せて実施されます。手術が適用されない場合

---

3）舌小帯短縮症：舌小帯は図4に示したように、口を開けて舌を喉に向かって反り返らせた時に見える、細長いヒダである。この部分が短いと、それが構音障害の原因と考えられて手術を勧められることが多いが、実は構音が正常なことが多く、手術が必要となる症例は少ない。舌を前方に出した場合、舌先が引きつってハート型になるが、舌を前に出すことができない点だけでなく、構音をしっかり確認して手術や訓練への適応を判断すべきである。

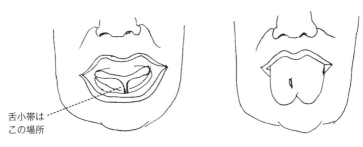

**図4　舌小帯短縮症**
左図：舌小帯とは、舌の裏側の真ん中から口の底に向かっている細いヒダのことを指す。
右図：このヒダが短いことを「舌小帯短縮症」といい、舌を真っ直ぐに出した時に舌先がハート状に見える。
加藤正子・竹下圭子・大伴潔（編著）（2012）．特別支援教官における構音障害のある子どもの理解と支援（p. 166）学苑社を参考にして筆者が作成した。

は、舌運動を改善させるための言語訓練が行われます。

　歯列咬合問題では、口を閉じても前歯の数本にわたって完全に閉じない「開咬」、下の歯が、上の前歯よりも突出した状態である「反対咬合」、上の前歯が下の歯に比べて先方に出ている「上顎前突（じょうがくぜんとつ）」があります。いずれも構音障害の原因となり得ますが、構音指導での改善は難しいため、矯正歯科医への相談が必要になるようです（加藤・竹下・大伴，2012）。

### （3）運動性構音障害

　成人の場合、運動性構音障害とは、脳血管障害（脳梗塞、脳出血など）や神経変性症（パーキンソン病など）などが原因で発声発語にかかわる中枢・末梢神経系に問題が生じることにより、話しことばに支障がでることを示します。成人の運動性構音障害についての知識を持つことは、言語障害全般をよりよく理解するためには重要なのですが、本書では割愛し、小児にみられる運動障害による構音障害について説明します。

　発話に運動障害がみられる子どもの疾患には脳性まひがあります。脳性まひは、「受胎から新生児期（生後四週間以内）までの間に生じた脳の非進行性病変に基づく、永続的なしかし変化しうる運動および姿勢の異常である」と定義されます（城本・原，2021）。脳性まひは、運動の性質により「痙直型」「アテトーゼ型」「失調型」などに分けられます（表3）。こちらに加えて、「痙直型」

第2章　ことばの教室での支援

**表3　脳性まひのタイプと特徴**

| タイプ | 特徴 |
|---|---|
| 痙直型 | 常に緊張が高い状態にあり、そのため自分の思うように体を動かすことがむずかしい。 |
| アテトーゼ型 | 筋の緊張が安定せず変動し、姿勢が崩れやすく、顔面や四肢の筋肉において不随意運動（動かそうとしていないのに勝手に動いてしまう）が生じる。 |
| 失調型 | 筋緊張を一定にたもてずに体を小刻みに震わせる状態で、姿勢保持、平衡感覚、協応動作等のための筋活動のコントロールがうまくできない。 |
| 混合型 | 痙直型、アテトーゼ型、失調型のうち、二つ以上の特性をあわせもつこと。痙直型とアテトーゼ型が混ざるタイプが多い。 |

清水美憲・小山正孝（監修）米田宏樹・川合紀宗（編著）（2022）．新・教職課程演習第6巻 特別支援教育（pp. 81 ～ 82）協同出版を参考にして筆者が作成した。

の場合には、まひが生じている部位により、「四肢まひ（上肢・下肢の左右にまひ）」「両まひ（上肢の左右にまひ）」「片まひ（左右の方側のみにまひ）」に分類されます。このタイプにより、体幹の筋緊張の特徴やまひの部位が異なるため、発話障害の特徴も異なることになりますが、共通して構音の問題がみられます。機能性構音障害では、本人の中では誤りのパターンに一貫性がありますが、脳性まひの場合は、必ずしもそうとは限りません。また、典型的な発達では「ぱ行」「ま行」「ば行」の音は早い段階で表出が可能になりますが、脳性まひの子どもたちは、まひの影響で口唇の開閉動作が早くできないため、これらの構音の獲得が困難である場合があります。また、脳性まひにおいては構音のみならず、声の大きさや質、話す速さ、プロソディ（リズムや高低などの特徴）にも問題が生じます。例えば、痙直型の場合は声が小さくなり、アテトーゼ型は最初の出だしが大きくなり、段々小声になる、失調型は声が震えたり大きさが変わったり、高さが変動したりということがあります。いずれも、まひや筋緊張などの影響に加え、姿勢の問題も関わります。以上のことから、脳性まひの子どもへの指導においては、指導者が子どもの筋緊張の状態をよく把握し、姿勢を整えながら行うことが重要になります。

　構音の歪みや誤りの背景にある筋緊張や体の状態を変えることが難しいた

め、完全な構音を目指すことよりも、明瞭性（いかに伝わるか）を重視する指導が勧められます。高見（2012）は、「独特な話し方ではあるが一応話している内容が聞き取れることがある」と述べており、「脳性まひ児の話し方に慣れてくると聞き取りやすくなることもある」ことも加えています。身近にいる人が本人の話し方に慣れ、理解を示していくことは、本人の発話意欲を損なわないようにするためにも重要だと考えます。さらに、身近な人だけでなくさまざまな人と円滑にコミュニケーションをとることを目指す場合は、AAC（拡大・代替コミュニケーション）を用いる手段を検討し、使いこなせるように練習することが勧められます。

　脳性まひの言語指導には「プレスピーチ」という重要な考え方があります。これは、食べることと、話すことが同じ口腔器官を使うという点でつながっていることが前提となっています。つまり、発話が始まる前段階から、話すための準備は食べることを通じて始まっていることを大事にしている練習法です。したがって、オーラルコントロール（指導者が子どもの口の周りを触って動きを誘導する）をしながら口腔機能の動きを活発にさせ、食べる動作から舌の動きを促すなど、実際に食べる行為を通じて、運動の練習を行います。段々と動きが出てきたら、音を作る練習に移っていきます。

　脳性まひの子どもたちは、言語表出が遅れたり、理解はしっかりできるのに生涯にわたって話したりすることが難しい場合もあります。しかし、子どもの方では誰かに伝えたい意欲や話したい内容を十分に持っている場合がほとんどだと思います。音声言語表出が難しいから表出を諦めるのではなく、さまざまな手段を使って表出できるようにする試みが大変重要になります。だいぶ遅れてから音声言語での発信が可能になる場合も少なくありません。筆者の臨床経験からも、幼いころから単語レベル、2〜3語文レベル、もう少し長い文レベルでの表出を段階的に経験させておくと、VOCA（Voice Output Communication Aid）[4]のような機器で伝える際にもよりわかりやすい文章で示すことができるようになるのではないかと考えています。

---

4）VOCA（Voice Output Communication Aid）：音声言語での表出に制限があり、コミュニケーションすることが困難な人が使用する支援機器である。50音の文字キーを押してメッセージを作成し合成音声により発声するタイプと、音声を録音しておき再生するタイプに大きく分類される。

第2章　ことばの教室での支援

　以上のように、子どもの本来の発話能力を向上させるための支援・指導というのがまずは大切だと考えます。その上で、運動性構音障害の指導や臨床では、AAC（Alternative Augmentative Communication)[注5]の視点が非常に重要です。音声言語による表出ができても、発話明瞭度が上がらない場合は、VOCA を補助的に使用することも想定されると思います。あるいは、ローテクで五十音表などの使用を追加するのでも良いと思われますが、子どもの言語能力や好みによってどのような手段を選択するかを考えていくプロセスに、支援者の力が発揮されます。最近では、タブレット等のガジェットの開発が進み、多様なアプリを取得できますので、以前に比べて選択肢も増え、子どもに合った調節も可能になっていることと思います。ことばの教室や言語聴覚士が勤務する一般的な病院・クリニックにおいて、脳性まひなどによる子どもの運動性構音障害の指導をする機会は少ないと想像されますが、子どもが得意な表出手段で、より良くアクセスする回路を使って適切なコミュニケーション手段を選択するという技術は、知的障害や言語発達障害の指導でも必要なことだと考えます。発達の臨床では、補助代替手段というよりは、発達を促す上での一時的な代替手段、と捉えることも多いので、柔軟に機器を利用することができると、指導の幅が広がるのではないでしょうか。

### インタビュー：現場の教員からの話を聴く③

　構音障害の指導上の留意点について、ことばの教室での指導を 40 年以上経験されている中村勝則先生にお話をうかがいました。中村先生は、昭和 58 年に東京都内の小学校で、初めてことば教室の担当になられたそうです。以来、東京都内 3 校のことばの教室を歴任後、退職されました。その後も、産休、育休代替教員として 5 校のきこえとことばの教室に勤務されました。さらにその後、3 校のことばの教室に時間講師として勤務されるかたわら、居住される町

---

5）AAC（Alternative Augmentative Communication）：AAC とは日本語で「拡大・代替コミュニケーション」と訳される。音声言語で話す以外のすべてのコミュニケーション手段を意味する。発話や言語能力に問題がある場合、あらゆる年齢の人が AAC を使うとコミュニケーションが可能になるとされている。「拡大」は、個人のコミュニケーション手段を一つだけでなく拡げて考えること、代替手段とは、音声言語の代わりに使うという意味がある。この考え方は、アメリカ言語聴覚障害学会（ASHA）で定義されている。

会の会計を依頼されてお忙しいようです。

宮本：正しい発音が身につくために、「耳作り」と「口作り」が大切であると先生はよくおっしゃっています。これはどういうことなのですか？

中村先生：人間は言語を学習によって身につけていくと考えられています。言語の一部である発音も然り。そして、発音の学習には、聴覚的機能、耳の様々な働きと、発語器官の形とその運動能力が両輪であると言われています。この二つの力がバランス良く育っていくことで、日本語で使用される発音が誕生後数年で、遅くともほぼ小学校1年生頃までには身につくのです。私が「耳作り」と言っているのは、「発音の学習に必要な聴覚的機能」を育てる指導全般のことです。主に、改善しようとしている音を素早く、正しく聞き取る力・間違えた音と正しい音を聞き分ける力・その音がことばのどの位置に使われているか聞き出す力です。

　一方「口作り」というのは、発語器官の運動能力を育てる指導全般のことです。発音というのは唇・舌・のどびこなど口周りにある数多くの筋肉がタイミングよく、思うように動かせるようになることで身についていきます。成長の中でなんの苦もなく身についてしまいますと、発音するのは簡単なことと考えてしまいますが、実は微細で、精緻な運動の一つです。まして、話すとなるとその精緻な運動を素早く矢継ぎ早に行わなければならなくなります。このためには、思うように、的確に、そして、素早く発語器官、特に舌を動かせる力が必要になります。構音障害が生じていても、発語器官の形に問題がない子どもの場合、「耳の働き」と「口の動き」に何らかの弱さが生じていると思われますので、それぞれの子どもに応じた「耳の働きを育てる耳作りの指導」と「口の働きを育てる口作りの指導」を子どもが楽しく取り組めるように工夫して行うことが大事だと考えています。

宮本：「耳作り」「口作り」をどんなに行っても、最後まで完全には治らない構音の歪みというのは残ってしまうのではないかと思いますが、先生は完全に治した方が良いとお考えですか？

中村先生：宮本先生のおっしゃる通り、子どもによっては、様々な理由が考えられるのでしょうが、正しい発音を身につけることが難しいタイプの子どもも

第2章　ことばの教室での支援

いると考えています。

　推測ですが、例えば、発語器官の運動の発達に何らかの弱さがある子どもの場合、精緻で素早い運動を連続してできにくい所があり、音として言えても話の中では誤りが生じやすくなることが往々にしてありました。また、発音の改善には、注意して聞きながら、話すといった二つの方向で注意力を使い分けることが大切になると思われますが、この注意力の使い方をうまくコントロールできない子どもですと、練習の場面では正しく言えていても、日常会話では発音の誤りがどうしても生じてしまう。耳では正しい音とあやまった音を聞き分けられるけれど、話しながら、聞き分けて、修正することが難しい子どももいました。いずれも小学生の内しか見ていませんので、もう少し成長したら、どうなのでしょうか。また、一度身についた発音運動から抜けきれないタイプの子どももいました。耳の力としてもその誤った音から抜けきれないし、発語器官の運動も同様なタイプの子どもです。正しい発音の仕方を教えても自分の今の発音の仕方との間で混乱が生じるらしくやればやるほどイライラを募らせる状態があり、無理強いはできませんでした。ただ、いずれの場合もまずは発音の誤りから直してほしいと思い、日常的に心掛けたら良いことを指導の中で伝えるようにしました。いつか成長の中で自らの力で発音の改善に取り組めることを願ってです。勝手な願いですが。

**宮本**：構音障害についても吃音と同じように、自分の個性の一つとして捉え、肯定していくように促す教育というのはあり得るとお考えですか？

**中村先生**：先ほどの質問の答えをここで述べます。「構音障害の症状を完全に治した方が良いとお考えですか？」「完全に治せるタイプなら当然直すべきでしょうが、やはり、完全には難しいタイプの子どももいらっしゃると考えています。」この場合、「個性」ということばがよいのかどうかはともかく、私は「コミュニケーション」という視点で捉えています。自分として「許せる発音」＝「相手により通じやすい発音（発話）」を子どもと考えていくことも大事な指導だと考えています。例えば、発話運動の速度を落とすことで、より聞き取りやすい発話になるならば、その発話速度を子どもと共に考え、練習を重ねる。歪みが大きく聞き取りにくく、前後の音までも歪ませてしまうなら、歪みを軽くする取り組みを行うなどです。この場合、自分として「許せる」かどう

かが一番の鍵になるのではないでしょうか。もちろん、そのための環境作りも大切です。このような視点ですと、吃音の支援と通底するところが大きいかも知れません。

中村先生への質問については、大学に入ってからも構音のことで悩み私に相談に来る学生がいて、この学生さんたちはいつまで構音のことで悩み続けるのだろうかと考えていたからです。できれば、小学生のうちに解決すればいいのですが、ことばの教室に通っていた子どもでも、残念ながらそうでない場合もあります。

また、バラエティ番組では「サマーフェスティバル」の「フェス」が言えなくて、「フェフ」となってしまう出演者がいて芸人さんたちにいじられていたのですが、専門家からみると、もしこれが構音障害だったら、いじってはいけないのではないか、とドキドキしながら番組を見ていたことがありました。この出演者は、いじられたことをきっかけに有名になったので、これはこれでこの人にとっては好機だったのかもしれません。しかし、構音障害はまだ一般大衆にはそんなに知られていないので、発音の歪みが残っていると、いじめやからかいの対象になるのではないかと危惧しました。指導をしても構音障害が残る場合があるというのは現実です。この場合に、どのように本人に説明し、本人も納得していくのか、ということがとても気になっていました。

また、中村先生には、筑波大学人間学群障害科学類での授業、「言語障害の理解と支援」の１コマを担当していただいていた時期もありました。教室中が、紙、ティッシュ、割り箸、輪ゴム、紙コップなどで作った物で溢れていっぱいになり、学生も紙風船を飛ばしたり、先生が紹介してくださった簡単なゲームをしたりして盛り上がりました。私の授業は知識を伝達したり、事例について話し合ったりすることが中心ですが、中村先生はみんなで遊ぶ授業を展開されました。この授業で学生の反応を見た時には、若い学生さんたちは、こうやって物を作りながら隣の人と話したり、紙飛行機を飛ばしたりして実際に動きながらものを学んでいくんだな、ということを実感しました。もちろん大学の授業なので、知識を伝える部分もあったのですが、それよりも、「子どもがどんなふうにやったら喜ぶかやってごらん、みんなが上手にできないと子ど

もは喜ばないよ。」などという問いかけで進められ、学生をその気にさせるのも、中村先生は上手でした。中村先生は東京都内のことばの教室以外に、千葉県総合教育センター、日本言語障害児教育研究会においても構音指導の講師を長年勤められた先生です。日本吃音・流暢性障害学会においても研修委員会委員長として活躍されました。言語聴覚障害関連の学会誌における論文や著書も多数あります。中村先生がご講演される時の資料、ことばの教室で使われた教材など筑波大学人間系宮本昌子研究室のホームページ（https://miyamoto-lab.net/）で中村先生の許可を得て紹介しております。ホームページ左側の「カテゴリー」にある『子どもの脳の多様性に応じた言語障害の指導・支援』タグから入ってご覧ください。

## 吃音

### (1) 吃音とは何か

　吃音は、正式な名称としては「小児期発症流暢症」といいます（American Psychiatric Association, 2022）。よく使われる用語で「発達性吃音」というものもありますが、こちらは、吃音にも色々と種類があるため、幼児期に発症して、そこから進展していく可能性のある吃音として、他のものと区別するために使うことが多いです。ちなみに、その他、獲得性神経原性吃音といって、脳血管障害の後に発症するものや、獲得性心因性吃音といって、思春期以降に何らかのトラウマの後に生じるものがあります。さらに、後のところで説明しますが、「クラタリング（早口言語症）」があります。

　まず、吃音の中核症状は主に3つあります（表4）。その他、吃音には沢山の症状があり、その詳細は『吃音検査法第2版解説』（小澤ら，2016）に掲載されています。これまで、多くの吃音症状が混沌としたままで説明されてきたのですが、『吃音検査法第2版解説』では、かなり実用的にすっきりと整理されました。

　吃音の中核症状で重要な点は、繰り返し→引き伸ばし→難発という順に症状が重くなることです。難発はブロック（阻止）とも言われるのですが、これは、喉頭が固く緊張して、動かなくなる状態を示しています。難発を、力の入った繰り返しのように捉える人もいるかもしれませんが、実際は、「……、

表4 吃音の中核症状

| 種類 | 症状 |
|---|---|
| 繰り返し（連発） | 音や音節、語が反復すること<br>例：ぼ、ぼ、ぼ、ぼくが、 |
| 引き伸ばし（伸発） | 子音（/k/）や母音（/a/）あるいは1モーラ（/ka/）全体が不自然に引き伸ばされる<br>例：ぼ ——— くが |
| 難発（ブロック） | 構音動作の停止。最初の音は思い浮かんでいるのに、発話直前に構音運動を停止させてしまっている状態で、緊張性を伴う<br>例：…ぼくが |

ぼくは、」の始めの「……」の部分、無音区間がまさに難発です。この時には、すでに頭の中で、言いたい始めの音は想起できており、どのように口を動かせばいいかということは本人はわかっていますが、運動的に硬直しているので、動かせないのです。繰り返しや引き伸ばしは、ちょっとした緊張状態のために一般の人々においても経験されることはあるかと思いますが、難発の口腔器官が止まる感じは、なかなかイメージが湧きにくいかと思います。ただ、この難発の症状が、吃音の中核症状の中でも最も吃音の困難さが現れている症状なのです。音声が発せられない無音区間となることも多いので、話していることに気づいてもらえない場合もあります。例えば、学校で出席をとる場合や健康観察時の応答を求められている時、教師が子どもを見ていれば、話そうと試みている様子を受け取りますが、記録に注意を取られていたりすると、何も聞こえずに、子どもが何も発していないと受け取る可能性もあります。このことで、吃音のある子どもは教師に反抗していると誤解されることもあるという問題は、よく当事者間でも共有されています。

　次に、吃音の症状は言語症状で始まりますが、学齢期に入ると「二次的行動」が加わります。「二次的行動」には、随伴症状、情緒性反応、逃避行動、回避行動などがあります（表5）。これらの症状は、吃音への意識がまだ弱い幼児期にはみられませんが、段々と吃音への自覚が明確になってくると、吃音が出ないように工夫する行動や吃音を避ける行動などが生じるようになります。特に、小学校に入ると、授業で音読をしたり、発言をしたりするようにな

第 2 章　ことばの教室での支援

**表 5　吃音の二次的行動**

| 症状 | 内容 |
|---|---|
| 随伴症状 | 正常な発語に必要とされる以上の身体運動や緊張 |
| 情緒性反応 | はにかみ、はじらい、虚勢などの表出、平静を装う |
| 逃避行動 | 吃ったとき、その吃っている言葉を早く言い終えようとして生じる行動で、まばたき、頭を動かす、余計な音声を入れるなど |
| 回避行動 | 発語を放棄する。他の語を代用する。わからないと答える。ジェスチャーなど話しことば以外の方法を使う |

りますが、この時に吃音が出て周囲にからかわれたり指摘される経験をした場合、子どもは傷つき、同様な場面を迎えると不安や恐怖を訴えるようになります。不安や恐怖は吃音に伴うネガティブな感情であり、自身でコントロールができない状況にフラストレーションも溜まります。このように吃音に対してのネガティブな感情がみられると、吃音があるために学習が進まない、活動ができない、というような思考が生じる場合もあります。最初は吃音への嫌悪感のみだったのが、吃音のある自分全体への感情に変わっていき、このようにして吃音に対する否定的な態度が形成されるといわれています。したがって、学齢期では、吃音の言語症状のみでなく心理面への対応がとても重要であることが説明されます。

## （2）学齢期の吃音への対応

　学齢期の吃音への対応は、ことばの教室でされることが多いと思われます。民間のクリニック等で言語聴覚士による言語療法を受けることも選択肢に入ると考えますが、学齢期の吃音では、ネガティブな感情・態度をできるだけ生起しないようにするために、学校での環境調整がとても重要になるので、学校に設置されていることばの教室に通って支援を受けることに意義があると思います。

　言語聴覚士のところで支援を受けると、彼らは確かに非流暢性を低下させるテクニックを持っているため、言語症状を軽減し流暢性を高めるための指導は得意であることが想像されます。

一方、学校教育現場にあることばの教室の指導者は言語聴覚士のような専門家ではなく、教員です。アメリカの言語障害を対象とした特別支援教育は、言語聴覚士のような医療やリハビリテーションの専門職が中心となって進められていますが、日本では教員にイニシアティブがあります。海外の専門家からみると、言語障害の指導をなぜ言語聴覚士がしないのか、という疑問が生じていることが想像されます。一方で、日本では、戦前に小学校で吃音学級が誕生して以降、学齢期の吃音指導は教育現場でなされており、その学校の中で支援がされることに大きな意義があるように思われます。

　吃音指導には2000年以降にパラダイムシフトがあり、従来の言語症状を軽減する指導から、その背後にある心理的な問題を扱うことに注目が集まり、約20年間が経ちました。この転換が必要であることの根拠に、シーハン(Sheehan, 1970)の氷山モデルがよく使われます(図5)。この図では、吃音のある人が、言語症状よりもむしろ、水面下にある感情・認知、社会面に問題を抱え、悩んでいることが示されています。学齢期はその入り口ではありますが、高学年になるとほとんどの子どもが心理的な側面での困り感を持っています。ことばの教室での指導を、言語聴覚士ではなく、教員が行っていることの利点は、この心理的な側面に寄り添った支援を提供していることだと考えます。つまり、欧米で言語指導に重点が置かれていた時代から、日本では心理面の教育

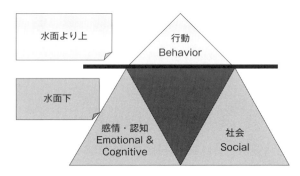

**図5　氷山モデル**
Sheehan, J. G. (1970) Stuttering: Research and therapy. Harper & Row. より筆者作成。この図で注目するべき部分は、水面から上の部分ではなく水面下の部分である。吃音のある人の表面的な行動、つまり吃っている行動をみるだけではなく、「感情・認知」や「社会」の側面に注目することが重要であると説明したモデルである。

がメインで行われてきた経緯があり、その指導法の蓄積があります。日本のことばの教室での吃音指導に関しては、専門家が行っていないという指摘があるかもしれませんが、前述の観点からは、優れているということもできます。首都圏では、言語聴覚士をことばの教室に招聘し、専門的知識や事例に関する指導を受けられる専門家相談の場が設定されています。このような機会を通して、専門家からの助言により言語指導のテクニックを使えるようになる教員の方もいるでしょう。今後は、ことばの教室で言語指導と心理的側面への指導の両方を実施できる教員が増えることが期待されます。

## (3) 流暢性形成法

　学齢期の吃音指導において、吃音がどういうものかについて正しい知識を得る心理教育や自分の吃音を理解し、受容できるようにする教育は最も重要な領域ですが、吃音がすでに慢性化した状態であるとしても、症状を和らげるための練習を行うことが必要です。

　そこで、「流暢性形成法」と「吃音緩和法」についてご紹介します。

　まず「流暢性形成法」というのは、これまでの非流暢な発話の仕方ではなく、新しく、流暢な話し方を獲得していく方法です。流暢性形成法には、①発話速度低下（speech rate reduced）、②軟起声（gentle onset）、③構音器官の柔らかい接触（soft contact）、④母音の引き伸ばし（prolonged vowels）等の技法があります（表6）。これらは、最初は短い単語から始め、徐々に、文節・句のレベル、文レベル、日常会話へと言語的な難易度を易しいものから難しいものに変えていく必要があります。ことばの教室やスピーチセラピーの場では上手にできるようになったとしても、教室などの大きな集団の前で話す時には、また、元の非流暢な話し方に戻ることも想定されます。特に子どもの場合は、この場面や人による変化に対応するコントロールが難しく、練習したことが活かされない場合もあるかと思います。そのような場合は、なぜ、場面が変わると練習してできるようになった話し方ができないのかについて話し合う好機と考え、子ども自身の吃音の状態に影響する要因や、不安や恐怖の感情が湧き起こるきっかけなどについて話し合い、理解を進めていくことが可能になります。子どもによっては、自分が学んだテクニックを小集団や、自分が流暢に

表6　流暢性形成法の技法

| 技法の名称（日本語） | 技法の名称（英語） | 内容 |
|---|---|---|
| ①　発話速度低下 | speech rate reduced | 発話速度をゆっくりにする |
| ②　軟起声 | gentle onset | 話し始めの際に力を入れずに楽に柔らかく始める |
| ③　構音器官の柔らかい接触 | soft contact | 破裂音や破擦音などの時にはっきりと強く発声するのではなく、ゆっくりとした動きをしながら、柔らかい声を出すこと |
| ④　母音の引き伸ばし | prolonged vowels | 母音の場合は少し伸ばしながら次の子音の発音に移るようにすること |

話したいと思う場面で発揮できることもあり、そのことがさらなる自信につながります。そういう意味では、いきなり大きな集団で試すより、始めは小さなグループから段階的に人数を増やしていくという方法もあるかと思います。

　次に「吃音緩和法」について説明します。「流暢性形成法」が、流暢な発話を新たに形成していくという方法であるのに対し、「吃音緩和法」は、吃音を楽に和らげていく方法です。したがって、言語症状や心理的症状が重度の方に用いられることが多いです。吃音の症状が重度になると、難発が多く出現し、非常に苦しそうな話し方となってしまいます。この状況を緩和するための技法として、①キャンセレーション（cancellation）、②プルアウト（pull out）などがあります（表7）。これらは、重度の吃音症状が出たときに、話すのを一旦やめたり、緊張を緩めて力を抜いて話すようにする方法で、実際に話す場面でできるようになるには、やはり練習が必要になります。その他、③随意吃も吃音緩和法として用いることが可能です。吃音緩和法は、流暢性形成法とは違って流暢な発話を促すという発想ではなく、吃音を楽なものにしていく、という方向で考えられています。必要以上に力が入る、緊張が生じる時に、自覚して力を抜いていくところのプロセスがとても重要です。この方法で楽な話し方が身につけられると、重度の吃音の方でも人前で話すことが苦痛ではなくなります。

　流暢な話し方を身につけることと、吃音を楽にすることは、究極的には同じ

第2章　ことばの教室での支援

表7　吃音緩和法の技法

| 技法の名称（日本語） | 技法の名称（英語） | 内容 |
|---|---|---|
| ① キャンセレーション | cancellation | 吃音がでたときに、一旦話すのをやめ、2〜3秒後に話しはじめること |
| ② プルアウト | pull out | 吃音がでたときの緊張した状態から力を抜いて話すこと |
| ③ 随意吃 | voluntary stuttering | 自分であえて吃音の話し方をすること。吃ってしまった状態ではなく、自分で意図的に吃るところに意味がある |

ところを目指しているのですが、もとになる考え方がこのように異なります。主に成人を対象とした方法ですので、子どもを対象に用いる時には、モデルとなる話し方の提示をわかりやすくすることが大切です。年少の子どもに用いる時にはパペットやぬいぐるみを用いることもあります。しかし、子どもの場合には、しっかりとこの練習の目的を伝えること、楽しく行えることが重要で、練習している話し方が不自然な発話なので嫌だと思ったり、とにかく練習が嫌いで行いたくない、ということも生じたりします。吃音に対しては、個性であるために発話自体を触らずに、受け入れて生活をした方がいいと考える人もいますので、専門家であっても特に流暢性形成法については、受け入れられないという場合があるかもしれません。しかし、国際的な吃音治療研究の動向からすると、流暢性形成法は吃音のある成人に関しては、有効であるという知見が蓄積されています。これを子どもにどう活かすか、ということを考えると、いかに楽しく飽きさせないようにするかということ、そして上手にできた時のポジティブなフィードバックの仕方により、子どもの動機を高めていくことができるのではないかと考えます。また、モデルとなる発話を提示する際に、口頭で説明するだけでなく、絵や模型を用いるなど、視覚的に示すということも重要ではないかと考えます。

## (4) 認知行動療法

　認知行動療法は、一般的にはうつなどの精神疾患に使われることが多いです

が、吃音指導にも応用できる部分が多いとされています。吃音の認知行動療法については、成人への適用が主でしたが、最近では小学生に適用する試みがあります。現在、国立障害者リハビリテーションセンターで顧問の森浩一先生が中心で実施された AMED での研究プロジェクト[注6]では、言語聴覚士の角田航平先生の考案により上記に述べた流暢性形成法と認知行動療法を組み合わせた方法で学齢の吃音のある子どもへの指導介入研究が行われました。流暢性形成法と認知行動療法の実施順序を入れ替えた形での検証も行われました。本研究の詳細な結果は現段階では未公表ですが、実施の手順についての報告はなされています。今回は、その研究で用いられた、学齢期の吃音のある子どもを対象とした、認知行動療法の実施内容についてご説明したいと思います。

　このプロジェクトにおける認知行動療法においては、まず始めに吃音に関する正しい知識を学習できる、吃音の心理教育（理解教育）を行います。この部分では、例えば、世界中のどの地域で調査しても吃音のある人の発症率は約1％となっていることなど、研究でわかっていることが中心です。さらに、吃音は個人により異なる側面もあるため、自分の吃音はどういう特徴があるのか、という点について洞察し言語化できるように進めます。

　認知行動療法では、習慣となった、考え方や捉え方など認知の歪みを適正な方向に修正していくというストラテジーが用いられます。それでは、吃音についてはどういう認知の歪みがあるか考えてみます。まずは、自分が吃った時に人に笑われたりからかわれたりした経験から、自分が話すと人が何かネガティブな反応をするのではないかということを想起してしまう状態があるかと思います。吃音のある人に聞いたところによると、笑われたりするのはまだいい方で、クラス全体がしーんと静まり返ってしまうのが最も恐怖だということでした。このようなことは実際に経験したことなので、歪んだ考え方ではないので

---

6）AMED での研究プロジェクト：国立研究開発法人日本医療研究開発機構（AMED）の補助による研究「発達性吃音の最新治療法の開発と実践に基づいたガイドライン作成」（平成 28 ～ 30 年度、代表：森浩一）で行われた研究プロジェクトである。国立障害者リハビリテーションセンター以外の参加施設は、金沢大学、北里大学、九州大学、国際医療福祉大学、筑波大学、広島大学、福岡教育大学、宇高耳鼻咽喉科医院（順不同）であった。この研究で、日本初の「幼児吃音臨床ガイドライン」が公開された。この後、「発達性吃音の小児期疫学調査と回復要因の研究」（令和元～ 4 年度、代表：森浩一）において、学齢期の吃音支援についての研究が行われた。

すが、この経験がもとになって、自分が話した時に相手がネガティブな反応をするのではないかという信念が作られてしまい、それが自動思考となるのだと考えられます。しかし、体験自体は本当のことだと思いますが、その場に居た人たちが全員、吃音のある人の話し方を馬鹿にしたりおかしいと思ったりしたわけではなく、そう思った人はおそらく一部です。問題は、吃音のある人が、全員から笑われたり否定されたと感じたことではないかと思います。そういったところを本人と話し合いながら、認知を修正していくことになります。実際には、いきなり吃音についての話題を持ち出すのではなく、まずはどんなことでもよいから、自分が行ったことで、ちょっと困ったなぁとか嫌だったなぁと思うことを書いてもらい、その時にはこう感じたけど、実際には、こういう見方もあるのではないか、という別の視点からの自分の考察を加えていきます。このコラム法注7)を行っていくことで、自分が瞬間的に生じさせているネガティブな感情は、本当に悪いことが起きたからそうなるのではなく、過去の体験によって、悪い方向に考えてしまう癖がある自分に気づいていきます。また、別の見方もあるという新しい視点を見出すことで、自分の考えの狭さや頑なさに気づくことができます。

　このように練習していくと、自分の吃音が出た時に相手の表情が怒ったように見えたのは、相手が疲れていたからかもしれないし、別のことで機嫌が悪かったかもしれない、怒った表情に見えただけだったかもしれない、という選択肢を持つことができるようになります。このように考え方が柔軟になってきたところで、エクスポージャー注8)が導入されます。エクスポージャーを行うには、吃音のある人が不安や恐怖を感じる場面について階層表を作ることが必要です。子どもの場合は「会話のはしご」というものを完成させます。「会話のはしご」では自分が比較的難易度が低いと感じる場面から最も話しにくいと感じる不安や恐怖の高い場面まで段階的に積み上がるように、はしごの中に記

---

7 ) コラム法：認知行動療法を用いた治療法のテクニック。例えば、ある憂うつな感情を抱いた出来事について、左側に「そのときの考え」を、右側に、別の考えを記入する（清水，2010）。この作業によって、自分が普段しない考え方に気づくことができる。

8 ) エクスポージャー：日常的に経験する慣れの原理の応用で、恐怖や回避衝動を消去していくことを通してクライエントに生活の送りやすさや生活の質の向上をもたらす手続きのことである（下山・神村，2014）。

載していきます。例えば、授業中に正解がわかっていても手を挙げられない子どもの場合は、この課題が会話のはしごの上の方にあるかもしれません。いきなりその課題に向かうのは大変なので、まずは、4人くらいのグループ学習の中で発言するようにするなど、負荷の低い課題から始められるようにします。指導者からの宿題として、次の指導日までに行う課題が渡され、子どもは取り組むことになります。

　その他、認知行動療法に含まれる内容としては、随意吃を使い、意図的に吃りながら話すことで、自分の吃音を客観的に捉え、コントロールが可能なものであるという感覚を持たせます。幼児の場合、随意吃は保護者にも使ってもらい、子どもに、「あ、あ、あ、あのね……」となってもおかしくないよ、ということを伝えます。学齢期に使う時には、緊張が入っていない状態で繰り返すことにより、楽に吃るという練習になりますし、このように自分で操作して自由に操れるものである、つまり吃音はそんなに怖いものではないということを体感することを目的としています。その他、課題に入っている場面でどうしても吃音が出てしまい途中でとまったりして、不安や恐怖が取り除けない場合などがあると思われますが、そういう時にどう乗り切るのか、という点についてコーピング（対処）していくことも認知行動療法は含んでいます。あまりにも吃音がひどい日には担任に話して、一人で一斉の前で話す発表は免除してもらうという方法もあります。一斉に読むと吃音が出にくい場合は、誰かと一緒に読んでもらうなどの方法もあります。その子どもに合った方法での対処を、ことばの教員と一緒に考えていくこのプロセスは大変重要になります。また、自分がいくら練習しても大勢の前では吃ってしまうという場合に、もし、周囲の人に自分の吃音のことを理解してもらえれば話しやすくなるかもしれないと気づく場合もあります。この場合、環境調整をすることで、困難な場面を乗り越えることが可能になると考えられます。

　自分の吃音のことをクラスのみんなに話すカミングアウトに挑戦する場合もあります。自分で説明することが難しいと考える場合は、教員に説明してもらう、あるいはことばの教室の教員が啓発授業をする、ということも選択肢となります。その時に自分もいるのか、いない状況で話してもらうのか、という点も本人が選択します。最近は、カミングアウトの肯定的な側面が強調されるこ

とが多いのですが、全員がカミングアウトした方が良いというのではありません。環境調整の一環として、みんなに知ってほしいという気持ちが大きくなった時や、自分のチャレンジとしての動機が高まった時には行うのが良いと思います。指導の目標にしてしまうと、ニーズが異なる児童にとってはただ負担となり、弊害があるように思います。

　認知行動療法では最終的に、吃音への不安や恐怖が軽減されることを目指します。「会話のはしご」で最高難易度に順位づけられた課題を達成したところで終了としても良いと思います。学齢期の吃音指導では、その後の学校生活での生活の質（QOL）が低下しないためにも、最終的には大人の協力がなくても、自分であらゆる場面での対処を考えることができる、ということが目指されます。吃音があっても、自分で対処ができるし、周囲に知ってもらうこともできる、さらに、授業などで環境調整をしてほしい場合は、配慮について学級担任に依頼することもできる、などの知識を蓄え、不安や恐怖が最小限になった段階で、指導は終了にできるのではないかと思います。

　現状では中学と高校に設置されたことばの教室の数が非常に少ないので、小学校で終わる前提で指導されることが多いと思われますが、筆者がことばの教室に通う子どもの保護者からよく聞く話では、中学校で通うことができる専門機関がほしいということが挙げられます。都市部では、民間のクリニックを紹介することができますが、そうでない地域は、通えるところが本当にないのではないかと思います。オンラインで行われる中高生の会を紹介する場合もありますが、中学や高校の中でのことばの教室に通うことができるようになると、本人と保護者のニーズがより満たされると考えます。ただ、中学生・高校生以上になると小学校の通級のように、定期的なものでなくても、相談がある時に行く、集中的に活用するなどのオプションがあるとより使いやすいのではないかと考えます。

## ④ 言語発達の遅れ

　子どもたちは、生後4〜5歳にもなるとあっという間に母国語話者になることが知られています。子どもによっては、既に3歳で大人と同等に会話できる者もいれば、ほとんど話せない者もあり、言語発達の個人差ということについ

てはこれまでよく説明されていました。言語発達に関する教科書では、1歳で一語文、2歳で二語文、3歳で三語文以上の発話がみられるようになることを学びますが、実際には、全ての子どもたちがこのような道筋をたどるわけではないことを念頭におくべきだともいわれています。したがって、2歳くらいでことばがまだ出てなくても、それはよくあることだから心配する必要がない、と一般的に学ばれていました。ところが、最近、1〜2歳でことばが遅れていると、追いつく場合と追いつかない場合があり、「レイトトーカー」と呼ばれることばの遅れは、2〜3歳で判断されることがわかってきました（田中ら，2023）。一般的な子どもは1歳から単語レベルで話し始め、その単語の数が50個くらいになった時に2語文へ移行するといわれますが、2〜3歳の時期にこの状況が見られない場合は、「レイトトーカー」が疑われるそうです（田中ら，2023）。この「レイトトーカー」は医学的な診断名ではなく、知的障害、感覚・運動系の障害、言語に影響するような障害がないのにことばが遅れている18〜39か月時を指します（田中ら，2023）。「レイトトーカー」はこれまでに言語発達の遅れと判断されたり言語発達障害と診断されたりした子どもたちと典型的な発達をしている子どもの中間的な状態を示しているのだろうと推測されます。さらに、この集団の中にもいくつかのグループがあるそうで、全員が、年齢相応の状態に追いつくわけではないことが指摘されています。発達の個人差が大きい時期ではあるものの、2〜3歳のこの時期に言語発達の評価を行い、遅れがみられる場合はフォローする必要性があるということがわかってきました。同じくことばが遅れている場合でも、背景に軽度の知的障害や自閉スペクトラム症がある場合であれば、保護者や周囲の大人がその子どもをよく観察し、経過を追いやすいのですが、それらの問題がない場合、子どもの言語の発達の遅れが見過ごされやすくなる可能性が高いことが危惧されているのだと思います。

　このように考えると、言語発達の遅れというのは非常に曖昧な表現で、個人差なのか、障害なのかよくわからないという、用語の問題もあります。

　そこで、言語発達に関する障害が、欧米でどのように扱われているかについて紹介したいと思います。英語圏で確立された概念である「特異的言語発達障害（Specific Language Impairment: SLI）という用語があり、研究が盛んに行

われています。SLI は聴力の問題や自閉症のない、言語にだけ特異的に遅れが
みられる状態を指しています。純粋型の言語発達障害なので、研究者からの関
心は高く、欧米では文法障害を中心として多く研究されています。しかし、日
本語話者における SLI の解釈は難しく、臨床現場で使えるようになるまでに
は至っていないのが現状です。村尾（2023）は、日本での研究の少なさを指摘
しつつ、日本語話者の SLI 児の言語的特徴において、形態的・統語的誤用（文
法上の誤り）が多いことは明らかにされていると述べています。また、村尾
（2023）は、日本の指導現場では SLI を疑うという観点がまだ少なく、広く言
語発達の遅れとして扱われることが多いために、体系的な指導法の蓄積が十分
でないことを指摘しています。一方、欧米においても、SLI という用語は主に
研究領域で用いられており、臨床現場の言語聴覚士は、IQ が境界域である、
自閉傾向を伴うなどの言語発達の遅れへの対応を中心としているという点（田
中，2000）では日本と同様だと思われます。

　欧米では、臨床場面において広い範囲の現象としてみられる言語発達の遅れ
を、発達性言語症（Developmental Language Disorder: DLD）として扱うこ
とが多いため、この中に、SLI の子どもが混在していることが推測されていま
す。DLD の概念は、日本の「言語発達の遅れ」に比べると、より狭い範囲の
純粋な言語発達障害を示しつつ、SLI よりは広い意味を含んでいる（狐塚，
2016）と言えそうです。しかし、実際にはほぼ同義であり、厳密な区別が難し
くなっているのです。これら、3 つの概念の関係を図 6 に示しています。SLI
は医学用語ではないのですが、ICD-11（疾病及び関連保健問題の国際統計分
類第 11 版）において「発達性言語症（Developmental Language Disorder:
DLD）」は分類されています（WHO, 2018）。ここでの DLD は、難聴、知的発
達の遅れ、自閉症スペクトラムなど特定の原因がなく、運動発達や非言語性コ
ミュニケーションが良好であるにもかかわらず、言語発達のみが遅れることを
指しているとされています。また、ことばを理解しているが、表出が遅れる
「表出性言語障害」と、ことば自体を理解していないことにより、表出も遅れ
ている「受容性言語障害」の 2 種類があるということから、欧米では、この
「表出性」「受容性」のいずれの障害かということについては明確に評価をして
いることになります。

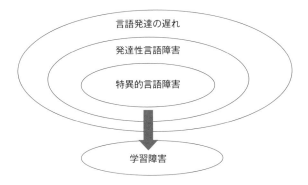

**図6　言語発達の遅れ、発達性言語障害、特異的言語障害の関係**
西村辨作（編）（2001）．ことばの障害入門（p. 117）大修館書店を参考に筆者作図。

　DSM-5-TR（American Psychiatric Association, 2022）ではDLDに対応するものとして、「言語症／言語障害（Language Disorder）」があります。「言語症」の定義には、語彙の少なさ、限定された構文、一連の出来事を説明するために文をつなげる能力の障害が挙げられています。鑑別診断の例とし、聴覚障害や知的発達症、自閉スペクトラム症等について説明されており、「言語症」の臨床像においても、ある程度、純粋な形での言語発達障害が想定されていることがうかがわれます。

　言語発達障害については、医学的な診断名や臨床、現場で用いられる用語がまだ混沌とした状態であり、今後はより整理された形で使われることが望ましいと考えます。大伴（2016）も、「ことばの遅れ」という表現は多義的であり、言語発達の遅れの判定だけでは指導目標は明確にならないと述べています。筆者も、日本では欧米でなされているような専門的で精密な診断がなされていないことから、今後は指導現場での言語発達障害の概念が整理され、日本語におけるSLIの統一的見解がまとめられることについても研究の動向が期待されます。

## ⑤　語用の遅れ

　本章の3では、言語発達の遅れが、その概念や分類、診断名をめぐって様々な議論がなされていることを紹介しました。この議論に関連したもう一つの問

題として、「語用面の遅れは、ASD のある子どもに特有な症状なのか」ということがあります。

語用とは、「コミュニケーションが行われる状況に合わせて適切なメッセージを選択したり、適切な理解をしたりすること」と定義されます（Bishop, 1997)。例えば、相手からの質問の意図に沿った応答ができることや、友達が話した内容に冗談が混じっていることに気づくなど、コミュニケーションの中で、様々な文脈を読み取る力についても、語用に含まれると考えます。一般的には、ASD のある子どもは、こういった側面の行動が苦手だと認識されています。しかし、海外では、ASD と診断されない子どもの中にも語用面の遅れた子どもがいるのではないか、ということに注目した研究が増えてきたのです。

この議論は、ASD と言語発達障害の定義にも関わる問題であり、DSM-Ⅳ-TR までは、語用の遅れのある子どもは「広汎性発達障害」の中に含まれていました。ところが、DSM-5 からは「広汎性発達障害」のカテゴリーがなくなり、社会的コミュニケーションの問題や行動・興味などの限局性がみられないが、語用に問題のある子どもは、社会的（語用論的）コミュニケーション症（Social (Pragmatic) Communication Disorder) に分類されるようになったのです。社会的コミュニケーション症は、言語やコミュニケーションの社会的な使用において基礎的な困難さがあることとされており、相手によって話し方を変えるとか、曖昧なことばの意味理解が難しい、ユーモアや隠喩の理解困難などが例示されています。この例示を見ると、表面にあらわれる行動特徴としては ASD とほぼ見分けがつかないような様子であることが想像されます。しかし、この苦手さは ASD や知的障害では説明ができないということも示されています。このカテゴリーには、言語発達の遅れが既往症や、「言語症」にみられる言語機能の障害が関連するとも述べられ、DSM-5-TR にある説明から、ASD との相違はこの点にあるということがわかります。つまり、コミュニケーションがうまくとれないという症状が、対人関係の苦手さから生じているのではなく、言語理解の問題から生じているというのが、このカテゴリーに該当する子どもの特徴です。この部分を正確に評価することは、ASD や言語障害のある子どもに慣れている臨床家にとっても大変難しい技術なのではないかと考えま

45

す。

　そこで、この大変困難な分類について、チェックリストを用いてスクリーニングできる方法が考案されていますので、以下に紹介したいと思います。

　CCC-2とは、The Children's Communication Checklist Second Editionの略で、ドロシーV. M. ビショップ博士が初版を1998年に、第2版を2001年に公開したチェックリストの日本語版が出版されました（大井ら，2016）。

　CCC2は、コミュニケーションに問題のある子どもの語用障害を特定することを目的としています。全70問で構成され、3歳以上の子どもの保護者（代わる者でもよい）が5～15分で回答します。質問項目は10領域（A音声、B文法、C意味、D首尾一貫性、E場面に不適切な話し方、F定型化されたことば、G文脈の利用、H非言語的コミュニケーション、I社会的関係、J興味関心）に分類され、1領域あたり7項目で構成されます。この7項目のうち、5項目がコミュニケーションにおける弱み、2項目が強みとなっています。

　上記10領域のうち、A～Hの8領域は「一般のコミュニケーション能力群（GCC）」とされ、前半の4領域は構造的な言語能力が、後半の4領域は語用的側面の能力が問われる部分です。IとJの領域は、自閉症の主要な特性とされる行動について問われています。GCCに対し、「社会的やりとり能力の逸脱群（SIDC）」がE.H.I.J.合計からA～D合計を引いた算出結果から判断されます。つまり、CCC2では、GCCにより語用障害のスクリーニングが行われ、さらにSIDCの結果からASDが疑われるかどうかについての結果を得ることもできます。注意しなくてはならないのは、このチェックリストではASDの診断自体ができるわけではなく、あくまでも可能性の把握です。もし、ASDが疑われる範疇に該当した場合は、医療機関などへの受診が勧められることになります。本チェックリストの詳細については、51頁の文献をご覧ください。

 **6　音声障害**

　日本のことばの教室では明らかな対象とはされていませんが、声の出し方というのは、言語指導の一つであると思います。その証拠として、アメリカの学校教育現場で仕事をしてきた言語聴覚士が記した、親や教育関係者から受けた

質問と答えが中心となった著書（Martin, 1997；長谷川（訳）2005）には「声のこと」という章が存在します。マーティンは、著書の中で、「子どもは自分の体のすべてについて、大切にするように教えられなければなりません。」と記しています。さらに「声についても同じです。適切に扱われる必要があります。」と続くのです。日本ではあまり、声についての教育を行うという慣習はないのかもしれませんが、声を適切に使うために子どもに適切な見本を示すことは大切なことではないかと思います。

　子どもが大声で騒いだりするのは自然なことですが、声を乱暴に扱うと、声帯を傷つけることにもなります。また、不自然な声の高さで話すことや、大きい声で話すことが習慣になっている場合も問題になります。

## ⑦　脳の多様性を生かした支援とは

　神経多様性（neurodiversity）という用語は、自閉症や関連する神経症状は人間の神経学的なアウトカムの自然なバリエーションであるということを示しています。これは、障害は自然な違いであり、治すべきもの、正常化すべきものではなく、人間社会の自然な一部であるため（Sarrett, 2016；Jaarsma & Welin, 2012）、受容されるべきであるという主張であり、医学モデルへの批判でもあります。この医学モデルとは、伝統的に、一般的な人々が普通に行ってきた、自閉症は障害であるから症状を正常化しなくてはならない、除去しなくてはならない、という見方のことです。この考え方では自閉症を障害のある人という、欠陥をベースとした見方をしています。しかし、社会モデルでは、このような差別的なメカニズムを変え、障害のある人が市民として基本的な人権を有することを主張します。

　アメリカ言語聴覚学会（ASHA）では、言語聴覚士が自閉症のクライアントに対応する機会が多いことを理由に、学会誌に神経多様性について頻繁に取り上げています。その際に、言語聴覚士はセルフヘルプグループやStutter-Talk®注9)などの吃音コミュニティと交流する機会も多いことから、その中で社

---

9）StutterTalk®: スタッタートークは、吃音についてオープンに話し合うことを目的とした非営利団体であり、吃音に関する最初の、そして最も長く放送されているポッドキャストの名称である。2007年以来、700以上のコンテンツを発表し、180か国で視聴されている。https://stuttertalk.com

会モデルについて触れ、その重要性を実感していることを前提に説明をしています。パーソンファースト運動[注10]をもとに、吃音者という用語ではなく「吃音のある人（person who stutter）」が用いられるようになりましたが、神経多様性の立場からは逆に「吃音者（stutter）」でも良いという人が増えていることも知られています。さらに、吃音の臨床を行う専門家は、必ずクライアント自身が考えた目標も含めるべきであるという姿勢も浸透しています。一方、「吃音者にとって言語療法は唯一の選択肢ではない」ということも論じられています。

　リーブスとフリンとシュフ（Reeves, Flynn & Schuff, 2023）は、どのようにしたら、「エイブルイズム（能力主義あるいは健常者による身障者差別）」に抵抗した、吃音を肯定する指導ができるのか、について述べた論文を発表しました。2名の事例を取り上げて、子どもを取り巻く家族や担任などを含めた人同志の連携による環境調整や吃音のある話し方は自然な話し方の一つであり、間違いではなくユニークなものであることを本人に知らせる重要性について紹介しています。その上で、本人が話しにくいと感じている場合は、話しやすいテクニックについても教えます。いきなり、流暢な話し方になる指導法を実施するのではなく、「あなたの声は自然な非流暢性（natural disfluency）であり、吃音があっても大丈夫である」という考え方がまず基本にある、という点が神経多様性を重要視している部分です。リーブスら（2023）が、「言語聴覚士が吃音を言語的多様性（verbal diversity）である」と捉え始めるときに文化が次の時代にシフトすると述べているところも非常に興味深いところです。

　神経多様性を重視した指導では、強みをベースとしたアプローチ（strength-based approach）により、アセスメントと介入を行います。例えば、吃音症状が多いか少ないかで進歩に関する判断を行わず、独自性を尊重しながら、クライアントのチャレンジをサポートすることになります。したがって、強みに基づいた視点での評価、治療のアプローチがなされ、推定される能力（pre-

---

10) パーソンファースト運動：1970年代にアメリカ合衆国で始まった運動。個性や人間性を重視することによって、障害を持つ個人に力を与えようとするものであった。パーソンファーストの言語では「ダウン症児」が"Down syndrome children"ではなく"children with Down syndrome"と表現される。

sumed competence)<sup>注11)</sup>を探っていくことも必要となります。

　神経多様性の運動の中心である自閉症については、吃音よりも実践や研究が進んでいます。特にアメリカでは2000年改正の発達障害者支援及び権利法において、発達障害のある個人と家族が必要な地域サービス、個別支援、自己決定、自立、生産性、及び地域生活のすべてにアクセスし、それらのデザインへ参加できることが目指されました（高島，2015）。この目標に従い、自閉症のある人への環境サポートとしては、潜在的な視覚的情報処理の強みの活用、視覚情報を用いた予測可能性の提供などが挙げられています（Donaldson, Krejcha, & McMillin, 2017）。さらに、光や音、匂いなどへの敏感さは照明やノイズキャンセリングヘッドホンで調整し、限局的な興味（American Psychiatric Association, 2022）についても強みとして活用されます。例えば、自閉症のある子どもが鬼ごっこに参加できなかった際に、その子どもがとても夢中になっている「地図」を用いて鬼ごっこの全体像を示したところ、鬼ごっこに入れただけでなく、みんなが考えつかないような面白い創造的な遊びに展開させたということが挙げられています。

　国内においても、自閉症児者の強みに関する研究をレビューした研究があります（渡邉・末吉・柘植，2022）。この研究では、対象となった国内の13論文において「強み」「長所」「ストレングス」が記載されている文が抽出され、共起ネットワーク<sup>注12)</sup>分析が行われたのですが、結果として8グループの概念が抽出されています。本研究の興味深い点は、自閉症児者の強みに注目した指導介入が本人だけでなく家族の自信にもつながっていた点、国内で実際にストレングスアセスメントを活用した指導が行われている点、自閉症児者の強みは、苦手な部分を支援することで活かされやすくなる点です。このような支援は、

---

11) 推定される能力（presumed competence）：インクルーシブ教育の基礎となる概念で、全ての児童・生徒は、学ぶことができる根拠を必要とせずに、機会は平等に与えられるということを示す用語である。知っていることを伝えられない場合は、テストバッテリーなどのアセスメントによって能力を発揮することは不可能であり、コミュニケーションが十分に支援されれば、障害のある児童・生徒もインクルーシブな社会に参加することができるという考えに基づく。
12) 共起ネットワーク：言語学で、ある語が別の特定語と隣接して現れることを共起（collocation）といい、それらの単語を共起語という。共起語を線で結んだネットワークが共起ネットワークである。KH Coder（https://khcoder.net/dl3.html）という無料のソフトを使用すれば、強く結びついた部分ごとにグループ分けと色分けが行われる。

吃音を対象とした強みに注目した支援でも実施が可能であり、まずはアセスメントに用いる尺度の開発あるいは方法の構築が求められると思います。アセスメントの結果、行われる「強みに基づくアプローチ」は、子どもが主導であること、子ども自身が目標を設定できること、強みが特定されること、指導が環境資源とリンクしておこなわれることが挙げられています（Stoerkel, 2019）。「自由発話の90％が流暢になること」というような目標ではなく、子どもと家族がより質の高い生活を送ることができるよう目標設定がなされます。

## 引用文献

阿部厚仁（2007）．集団生活における連携支援を考える（特集 特別支援教育の中で言語障害教育担当者として何ができるか、何をすべきか）．コミュニケーション障害学, 24(1), 55-57.

American Psychiatric Association. (2022). *Diagnostic and statistical manual of mental disorders* (5th ed. - text rev.). American Psychiatric Publishing. （アメリカ精神医学会（2023）．DSM-5-TR 精神疾患の診断・統計マニュアル．医学書院）

Bishop, D. V. M. (1997). *Uncommon understanding: Development and disorders of language comprehension in children.* Psychology Press.

Donaldson, A. L., Krejcha, K., & McMillin, A. (2017). A strengths-based approach to autism: Neurodiversity and partnering with the autism community. *Perspectives of the ASHA Special Interest Groups,* 2(1), 56-68.

Jaarsma, P., & Welin, S. (2012). Autism as a natural human variation: Reflections on the claims of the neurodiversity movement. *Health Care Analysis,* 20(1), 20-30.

加藤正子・竹下圭子・大伴潔（編著）（2012）．特別支援教育における構音障害のある子どもの理解と支援．学苑社.

孤塚順子（2016）．第2部第1章コラム　特異的言語発達障害（SLI）．小嶋知幸（編）．図解やさしくわかる言語聴覚障害（p. 136）．ナツメ社.

久保山茂樹（2017）．平成28年度全国難聴・言語障害学級及び通級指導教室実態調査報告書．独立行政法人国立特別支援教育総合研究所.

Martin, K. L. (1997). *Does my child have a speech problem.* Chicago Review Press. （キャサリン L. M. 長谷川靖英（訳）（2005）．Q&A きこえとことばの相談室：50の質問とアドバイス．協同医書出版社）

村尾愛美（2023）．特異的言語発達障害児および発達性言語障害児への指導に関する

研究の動向：英語の知見を中心に．東京学芸大学紀要総合教育科学系，74，332-340.

大井学・藤野博・槻舘尚武・神尾陽子・権藤桂子・松井智子（2016）．日本版 CCC-2 子どものコミュニケーション・チェックリスト．日本文化科学社.

大伴潔（2016）．LC スケール・LCSA の活用による言語・コミュニケーション支援　発達障害研究，38(4)，390-397.

小澤恵美・原由紀・鈴木夏枝・森山晴之・大橋由紀江・餅田亜希子・坂田善政・酒井奈緒美（2016）．吃音検査法第 2 版解説．学苑社.

Reeves, N. A., Flynn, T. W., & Schuff, R. Z. (2023). Ableism to empowerment: Navigating school structures when working with students who stutter. *Language, Speech, and Hearing Services in Schools*, 54(1), 8-26.

斎藤純男（2006）．日本語音声学入門改訂版．三省堂.

Sarrett, J. C. (2016). Biocertification and neurodiversity: The role and implications of self-diagnosis in autistic communities. *Neuroethics*, 9(1), 23-36.

Sheehan, J. G. (1970). *Stuttering: Research and therapy*. Harper & Row.

清水栄司(監修)（2010）．認知行動療法のすべてがわかる本．講談社.

下山晴彦・神村栄一（2014）．認知行動療法．放送大学教育振興会.

城本修・原由紀（編）（2021）．標準言語聴覚障害学　発声発語障害学第 3 版．医学書院.

Stoerkel, E. (2019). What is a strength-based approach? *Positive Psychology.com*. https://positivepsychology.com/strengths-based interventions/（January 5, 2024）

多田節子・阿部雅子（2003）．機能性構音障害 99 例の構音訓練．コミュニケーション障害学，20(3)，137-144.

高見葉津（2012）．Ⅵ運動障害を伴う構音障害児の評価と指導　加藤正子・竹下圭子・大伴潔（編著）特別支援教育における構音障害のある子どもの理解と支援（pp. 176-203）．学苑社.

高島恭子（2015）．アメリカにおける発達障害者の学校から職業生活への移行支援　長崎国際大学論叢，15，95-107．http://library.niu.ac.jp/NiuDA/RNS/PDF/RN15-009.pdf（January 5, 2024）

田中裕美子（2000）．特異的言語発達障害．玉井ふみ・深浦順一（編）．標準言語聴覚障害学 言語発達障害学（pp. 136-148）．医学書院.

田中裕美子（編著）・遠藤俊介・金屋麻衣（著）（2023）．レイトトーカーの理解と支援：ことばの遅れがある子ども．学苑社.

渡邉咲季・末吉彩香・柘植雅義（2022）．日本における自閉スペクトラム症児者の「強み」に関する研究論文の収集・分析による探索的研究．日本特殊教育学会第 60 回大会（2022 理事会）プログラム集，p. 7-27.

WHO (2018). ICD-11 (International Classification of Diseases 11th Revision). https://icd.who.int/ (November 18, 2024)

# 第3章

# 言語発達の問題と指導事例

## 1  知的障害

### (1) 知的障害のある者の言語障害

　知的障害にはさまざまな定義があるようですが、小島（2017）はいずれの定義においても、第一に知的機能に制約があり、知能指数（IQ）が70以下の状態であること、第二に適応行動に制約を伴うこと、第三に18歳までに生じることが含まれていると説明しています。

　知的障害があると、それに伴い言語障害も生じているだろうと思われるでしょう。それは、間違いではないのですが、障害の種類によっては、あるいは個人によって、言語障害の程度や、苦手となっている部分に大きな差があります。例えば、知的障害の中でダウン症候群は視知覚認知の発達に比し、聴覚認知・言語発達が遅れる傾向にあります。一方で、ウイリアムズ症候群は、その逆で、言語発達に比し、視覚認知面の障害が大きいことが指摘されています（石田，2010）。彼らの視知覚認知障害は、特に「模写」において顕著にみられることがわかっています（斉藤，2008）。ウイリアムズ症候群は発生頻度が非常に低いため、国内での言語指導の報告例がほとんど見当たらない状況ですが、海外での報告は比較的豊富です。ウイリアムズ症候群は、心臓病、発育不全、難聴、知的障害、言語発達の遅れがみられる遺伝性疾患です。ウイリアムズ症候群の心理言語学的プロフィールは複雑であり、具体的語彙、音韻処理、言語性短期記憶が相対的に強く、関係性・概念的言語、読解、語用論能力が相

対的に弱いとされています（Mervis & Velleman, 2011）。ダウン症候群とウイリアムズ症候群は同じ知的障害でも、言語障害の特徴が正反対であるため、対比しながら説明されることが多いです。ウイリアムズ症候群では上記のように音韻処理や言語性短期記憶が比較的保たれているのに対し、ダウン症候群はその二つの能力に苦手さがあることが知られています。

## (2) ダウン症の言語障害

　ダウン症候群は知的障害の代表的な障害とされ、言語聴覚士が臨床の中で出会うことは多いとされています（斉藤, 2008）。池田（2010）によると、ダウン症は人類が現れた時から存在している証拠があり、最も古い記録は1866年にダウン氏が報告した文献であるようです。1959年に染色体異常であることが発見され、ダウン症候群の医療や教育・福祉は大きく変わっていったといわれます。ダウン症候群の染色体異常について、精子や卵子が作られるときに不分離が起こることが原因で、21番目の染色体が3本（通常は2本）となっていることが説明されています。加えて、いくつかの合併症の存在についても知られています。先天性疾患を有する子どもは約40％で、心臓疾患の併存は生命にも関わる深刻な問題ですが、子どもによっては、ダウン症候群の人の話し方にも影響していることもわかっています。呼吸器系の疾患に罹患しやすく、肺からの呼気圧や呼気量が少ないことから、ことばを話す際に十分な声量を確保できなかったり、息が続きにくかったり、という困難が生じています。

　ダウン症候群の子どもの言語発達の特徴としては、ことばの発達そのものが遅れることと、その中でも受容言語能力（理解できる言語の力）に比べて、表出言語能力（話す言語の力）に遅れがみられることがわかっています。表出言語能力において、最も顕著であるのが、ことばの不明瞭さです。その主な原因としてはいくつかのことがわかっていますので、以下に説明していくことにします。

　第一に、音声言語のフィードバックが困難であることが想定されています。これについては、先ほど述べたように併存疾患があることも影響しており、外耳道狭窄（がいじどうきょうさく）や中耳の奇形、耳管狭窄（じかんきょうさく）などの先天的な奇形が原因で、難聴のみられる子どもの頻度が高いことの

影響も受けています。あるいは、先天的な奇形がなくても、風邪をひきやすい体質があるため、中耳炎や滲出性中耳炎を繰り返している子どもが多く、そのために軽度や中等度の難聴を併せ持っている場合があります。さらに、聞こえの問題とは別に、最近では言語性短期記憶の問題も指摘されています。ダウン症候群の子どものグループと、知能指数が同じくらいの知的障害のグループにおいて、数唱、文や語の復唱課題を実施した研究では、ダウン症候群のグループの成績が有意に低いことが報告されています。以上のことから、多くのダウン症候群の子どもは入力された音声言語を正確に聞き取り、保持し（脳内での記憶を一時的に保つこと）、貯蔵する（脳内に記憶として定着させること）過程でつまずくことが多く、そのことが正しく、聞き取りやすい音声言語表出につながらないのではないかという考え方があります。

　第二に、正しい発音をするための運動をプログラミングする機能に問題があるのではないか、ということも考えられています。音声言語の発話運動のプログラミング機能を評価する方法としては「ぱたか」を約 10 回唱えるように指示し、その 10 回の表出において、音韻の誤りがなく、同じようなリズムでむらなく、続けて唱えられているか、ということを確認するものがあります。

　第三に、ダウン症候群の子どもの発声発語器官の問題として、舌が口から突出するほど大きいこと、高口蓋（口の中の天井が高くなっていること）、歯並びの問題、唇や頬の筋肉が弱いこと、などが挙げられます。ダウン症候群の子どものこのような特徴は、食べる・飲み込む能力にも当然影響します。

　ダウン症候群の子どもは、大人の話をよく理解して、応答性も良好である場合が多いのですが、上記のことが起因し、話すことに苦手さがみられることが頻繁にあります。また、沢山話すことができる場合でも、発音が不明瞭で伝わりづらいということが生じています。

　まず、赤ちゃんの頃から、唇や舌などの口腔器官の動きをよくすることへの留意が必要であると考えられています。離乳食の段階から、食べる機能に気をつけることは重要で、成長に伴い、硬いものを与えてしっかり噛ませることや、口を閉じて飲むことを定着させることが、その後の発話の成長にも生かされるのです。

　また、ダウン症候群の子どもの中には、音声言語の発達が十分に進まない段

階で、書くことに興味を持ち、文字を先に習得できる場合もあります。上記のように、耳を手がかりにした入力や、正確な聞き取りが苦手な傾向があるため、視覚的な手がかりが有効となります。筆者も文字の手がかりは、ダウン症候群の子どもの言語発達に大きく貢献することがあると、臨床経験から考えています。

## （3） ダウン症のある子どもの指導事例

　そこで、幼少期から小学校中学年まで言語指導を受けていた、ダウン症のある笠原大樹くんについてご紹介します。父親の笠原善朗さんは、筑波大学人間学群障害科学類で開講している「言語障害と心理」の授業で毎年1コマを使って講演をしてくれています。笠原さんのこの1コマのご講演は大変好評です。直前に座学でダウン症のある子どもの言語障害についての授業を行いますが、その後に、実際のお子様と過ごしている生活や子育てについて話してくださるため、学生にとっては授業がリアルなものとして感じられるようです。今回は、笠原さんが授業で配布してくださる資料、リアルタイムの動画の内容をもとに、ご紹介をしていきます。

　まず、大樹くんは出産予定より1か月早く、ご夫婦の第一子として生まれました。そして、多くのダウン症児は出生直後に診断されるのですが、大樹くんは診断が遅れ、1歳頃となりました。そして、2歳から療育園に行き始め、幼稚園にも通うようになりました。

　授業では、最初にダウン症の概略について説明をした後、個人差が大きいものの、ゆっくりでも成長していくことを強調されています。ダウン症に起因する特徴を一言でいうなら、「成長がゆっくり」となります。さらに、ダウン症の人には書道家、フランス語や英語を話せる人、タレント、アフリカンドラム奏者などとして活躍する人が存在すること、笠原さん一家はアフリカンドラム奏者の方と親しくされていることを話します。

　次に、ダウン症について、共通点としてわかっている多くの特徴について話します。共通する特徴として、筋力が弱く低緊張、頚椎が弱いので、運動やでんぐり返しなど頭を前に倒す運動には注意しているということを挙げられます。しかし、大樹くんには多くのダウン症児と異なる点も多くあるというこ

第3章　言語発達の問題と指導事例

と、例えば心疾患がほぼ無かったこと、身体が大きいことなどについて、このような個人的な違いがいかにあるか、ということを丁寧に説明します。

　さらに、言語発達に関する重要な点としては、「滲出性中耳炎」を繰り返すため、聞こえが悪くなりやすいことを取り上げています。ダウン症の方の外見的な特徴とその生活への影響（例：口を開けている→鼻がつまりやすいなど）についても教えてくれます。

　知的な側面としては、総合的に実年齢の半分くらいの目安で考えていること、理解言語に比べて、表出言語が大きく遅れがちであること（言われたことはわかるが話せない）について強調していただいています。

　ここから、大樹くんの言語発達についての話に移ります。この部分は、筆者の回想も含めて説明します。まず、大樹くんは、言語聴覚療法が始まった4歳頃は、慣れない人と場所が苦手で泣くことが多かったので、できるだけ、嫌な刺激を与えないように、母親の助言を聞きながら大樹くんと仲良くなれるように努力しました。その頃から、カードを出すと喜んでいましたので、もともと課題が好きな子どもではあったのだろうと見立てていました。カードに描かれた物はわかっている様子なのに、音声言語が出ていなかったので、筆者から両親にマカトン法[注13]を勧めました。旭出学園[注14]の講習会を受けたお父様が、家でのやりとりにサインを入れてくださるようになりました。サインの導入はスムーズで、楽しくやりとりをしていたようです。授業では、マカトンサインを導入したことが、物事の名前を知ることのきっかけとなったと話されています。サインをしながらのコミュニケーションは順調でしたが、なかなか音声言語につながらないことに対して、両親の心配を聞くこともありました。このように、マカトンサインについては、一旦、導入したら子どもが話さなくなるのではないかと心配する人が結構います。この点については、あくまでも音声言

---

13）マカトン（Makaton）法（この説明については、笠原さんのスライドを引用します）：知的障害のある子どものための言語指導法である。イギリスが発祥で発案者3名の名前から「Makaton」と名付けられた。手話（サイン）と記号（シンボル）で構成される。直感的に分かり易く、助詞や時制などはない。発語に繋げることが目的であり、サインでは発声する口を見せながら、手を動かすことがポイントである。日本マカトン協会のホームページ：https://makaton.jp
14）旭出学園：東京都練馬区にある学校法人旭出学園が運営する特別支援学校。学園内に開設された研究所においてマカトン法の啓発がなされている。

語獲得の補助手段であり、子どもたちは、音声言語でのコミュニケーションが始まると、サインを使わなくなる傾向があります、ということを併せて伝えておく必要があります。

　次に、大樹くんの言語発達で特徴的だったことは、音声言語でのコミュニケーションが始まる前から、文字の読み書きができたことです。その前から、絵を描くことが大好きで、とても上手に描いていました。ひらがなをどんどん覚えていて、気づくと、簡単な単語（例：いす、くま等）をひらがなで書けるようになっていました。それと同時に、この頃から、音声も出始めるようになりました。笠原さんも、大樹くんとひらがな・カタカナの出会いは大きかったと話されています。このあたりで、筆者の移動に伴い、大樹くんへの言語指導の場は、大学附属クリニックから、大学内の教育相談に移りました。大樹くんも小学校（特別支援学級）に入学しました。文字が大樹くんにとって発話への手がかりになることに気づいてから、大樹くんの発音指導は、ひらがなを仲介させて行うことにしました。小学校2年生から音読カードが出ていたことが、発音の練習になっていたということも、お聞きしました。その頃、弟さんの言語発達も目覚ましく、これがまた良い刺激となったそうです。また、学生の卒業研究にご協力いただき、以下の手続きでの宿題を毎日家で実施していただくこととなりました。

① 　まずは絵カードを見て描いてある物を呼称します。上手に言えたら次のカードに移ります。音の数が足りなかったり、不明瞭で伝わらない場合は、②を行います。

② 　絵カードを呼称するモデルを大人が示します。大人が言った物の名前を、大樹くんが真似して言います。うまく言えたら、次のカードに移ります。もし、まだ不明瞭だった場合は、③を行います。

③ 　絵カードに、ひらがなで物の名前が描いてあるものを提示します。それを見ながら、大樹くんが呼称します。

　上記の手順で、毎日、33枚の絵カードを呼称する宿題を1か月間お家で行ってもらった時には、大樹くんの発音は劇的に伸びていたように思います。1回の所要時間は10〜15分だったそうです。絵カードは2音節の単語から徐々に難易度を上げて5音節くらいのものも実施していました。併せて、音読の課題

第3章　言語発達の問題と指導事例

も課していました。笠原さんは、「発語に文字から入るタイプの大樹には、音読が合っていた。」とスライドに示されています。さらに、自分のことばがはっきり通じることに自信を持てたのか、少し長い挨拶のことばを明瞭な発音で言うようになったり、新しい単語を覚えて使うようになったりと、学びに広がりがみられました。「じゃがいも」を明瞭に発音できるように練習していた時、ドラえもんやポケモンのように「じゃがいモン」になっていたことは、言語獲得のメカニズムの一端を見ているようで、重要な示唆を与えてくれたと今でも思っています。この指導を実施していたのは、小学校低学年でした。今では大樹くんは中学生です。最近の発話については、「独り言が多くなった、人の会話に割り込むようになった、早口で喋ることがある、あまり口を動かさずに喋ることがある、『と』の発音が『こ』になることがある、スープとスプーンの区別が曖昧、助詞の誤りがなかなか直らない」などのことが書かれています。このような話を聴くと、話せるようになったからといって終わりではなくて、細かい課題はずっと続いてあるものだということがよく認識できます。指導の中心は、言語聴覚療法から学校教育に移っていきましたが、このように子どもの課題を残したまま、教育現場につないでいることは申し訳ないと思いながら、その後、学校でも充実した教育が受けられたことを笠原さんから聴くことができました。

　特に、交流級[注15]の重要性を話されていたことは印象的です。支援級のクラスメイトと仲良くできることもいいのですが、大樹くんにとっては通常学級の子どもと触れることが良い刺激となっていることがあります。また、健常の子どもから大樹くんがどう見えるのか、ということも重要で、障害のある子どもを少しでも身近に感じる機会であり、子どもたちが変わっていく姿も見られたようです。また、大樹くんの弟さん（現在小5）について、兄の障害についてはある程度理解できているとのことです。本棚に置いてある『ふしぎだね!? ダウン症のおともだち』（玉井，2007）を自分から読んでいることもあり、内

---

15）交流級：在籍を特殊学級に置き、一部教科の指導やホームルームなどの時間は普通学級に参加している場合を指す。一般に特殊支援学級の子どもは大半の時間を特別支援学級で学習しているが、学校行事やクラブ活動の時間、あるいは一部の教科の時間などに普通学級の子どもと共に活動することがある。

容を両親と共有する場面もあること、今のところはダウン症の子どもの集まりに参加してくれているということです。今後、いろいろと考えることもあると思いますが、寄り添っていきたいというふうに言っています。最後に、ダウン症の親として、これから「大樹の身体を無理のないように鍛える」「（就労を視野に入れて）大樹ができることを見出してあげる」「（両親が）長生きする」「ダウン症や障害についてさらに勉強する」「機会があれば、多くの人にダウン症を知ってもらえるよう努力する」、そして「差別や偏見のない社会」が障害者の親たちの思いである、ということを言ってくれます。これで終わりではありません。続いて、笠原さんが思う「障害者」とは「健常者」と対極の存在ではなく、大多数で中心となる「健常者」の周りを包むように散らばった広がりのある存在であること…。この時にスライドには、宇宙の写真が映し出されます。そして、「障害」を学ぶことは、「健常」を知ることであり、一つの狭い分野ではなく、広い視野で人間や物事を観ることができる学問です、ということを述べられます。最後に、仕事で障害を持つ子どもを相手にする場合、熱意は大事ですが張り切りすぎても自他共に疲れてしまうので、「穏やかな熱意」を持って相手になってあげてください、と締めくくられました。

　授業後の感想で、最も多くの学生が書く内容が、この「穏やかな熱意」という言葉について感銘を受けた、というものです。本当に、笠原さんには、ダウン症の子どもの親でありながら、客観的な視点も持たれ、それを実体験と結びつけて考察されているところは、教員にはとても真似ができません。笠原さんの講演はクリスマスに近い時期に行われるのが恒例です。おかげ様で、学生に混じってこの季節に相応しい、心のこもったお話を聴くことができて、筆者も嬉しいです。

## ② 境界性知能

### （1）境界性知能にみられる言語障害

　境界性知能とは、一般的に IQ が 71 以上 85 未満の間にある子どもを指し、ボーダーラインあるいはボーダーと表現されることもあります。知的障害の診断はなされておらず、学齢期では通常学級で学んでいる子どもがほとんどです。おそらく、多くの言語障害に関わる小児の専門家は、この境界域の多くの

子どもに出会っているかと思われます。幼少期の頃から相談に来られる場合もありますが、小学校2～3年生で、周囲の子どもと比較して勉強についていけなかったりすることがきっかけで、相談に来られることが多いのではないかと想像されます。境界性知能に分類される子どもは、話すことや会話自体はできますので、言語発達の問題は見過ごされやすいように思われますが、実は、細かい内容が理解できていない、表現しきれていないという点で、学校生活への影響がみられるのではないかと心配になります。具体的にはどのような事例があるのか、紹介したいと思います。

## (2) 境界性知能を示したワタルくんの事例

　母親がワタルくん（仮名）のクラスでの様子を心配されていて、他機関で知能検査を受けられたことがきっかけで、筆者が言語聴覚士として勤務していた大学附属のクリニックに相談に来られました。この時ワタルくんは8歳6か月（小学校2年生）で、ちょうど春休みでした。ご本人と話してみると、なんとなくいつもニコニコ笑っているのですが、話しかけると、「うーん」とか、「そう」とか「わかんないな～」「しらな～い」など、短い一言で返すだけなのです。クラスでは全く問題はなく離席などはないと母親が話しました。また、クラスでは大人しく、自分からは誘いませんが、クラスメイトに誘われると喜んでついていき、遊ぶそうです。友人とのトラブルなどは、ほとんどないとのことでした。「給食（きゅうしょく）」を「ちゅうしょく」と誤って言うことがあるという話もありました。母親からの主訴は、「ことばの発達の遅れ」「発音がはっきりしない」「文字の書き誤り」「少しことばがつまることもある」というものでした。評価の結果を以下に示します。

〈評価の結果〉

● 知的機能：軽度の知的障害あるいは境界域が疑われる数値を示した。

● 構音検査：単語レベルで置き換え、歪みなどがあるが誤りに一貫性がない、かなり浮動的である、単音のレベルではない。

　（会話での誤りの例：びょういん⇒びょいん、きちんと⇒ちちんと、ようちえん⇒ようきえん、など）

● 読み：問題なし

- 書き：書き取りでは誤りが多い（濁点，拗音，促音，長音などの間違いが多い、例：リュックサック→ルクサック）。一方、単音の書き取り、聴覚的な音の弁別能力は良好。
- 音韻操作：モーラ分解、音韻削除、音韻抽出の課題において、苦手さがみられた。単語の逆唱課題では、正解する場合でも時間がかかった。
- 聴覚的認知：「数唱」の成績は良好。
  聴覚的記憶は良いが、意味レベルでの理解能力の低下が認められた。
- 視覚的認知：自動的な再生課題の成績は良好。一方、「模様構成」などの構成課題の成績は低下していた。
- 言語理解：PVT-R（絵画語い発達検査）（上野・名越・小貫，2008）[注16]の結果から語彙年齢の低下が認められた。日常生活で困らないほどの理解力はあると思われたが、周囲の者がよく使う高頻度の単語でも、意味が分からない、ということがある。
- 言語表出：短い文で話すことが多い。長くなると文の構造が乱れる。言い直し、挿入が頻繁にみられる。結果的に、話していることが不明瞭でよく伝わらない。

上記の評価結果を解説していきます。まず、ワタルくんは他機関で知能検査を受けた際には全体的なIQが約60ほどであったということで母親がショックを受けました。その後、筆者とのラポールができてから別の検査を試みたところ、ワタルくんの知能は、軽度知的障害から境界域の間である可能性が高いことを確認しました。

発音の誤りがあると母親から話されていましたので、構音検査を実施したところ、確かに置換や歪みはみられましたが、誤りのパターンが浮動的であったことから、機能性構音障害ではないことがわかりました。さらに、単音レベルではいずれの構音も明確で、単語以上の単位になった時に、誤りが生じていることからも、その原因が運動的な要素よりも音韻処理の能力の弱さの方に関係していることがうかがわれました。読む時には誤りはほとんどみられないとい

---

16）PVT-R（絵画語い発達検査）（上野・名越・小貫，2008）：子どもが、4つの絵から、試験者が音声で提示した語いに対し、あてはまるものを指差して答える検査である。実施した結果から、語彙年齢と評価点を算出することができる。受容的な語いの理解能力を測ることができる検査である。

うことから、文字が正しい構音の手がかりになっていることも推測されます。逆に、文字の手がかりがない状態で書き取りを行うと、間違いが目立ってきます。書き誤りの中心は特殊音節といわれるもので、その背景にある音韻認識の弱さが想定されます。音韻操作課題を実施したところ、各課題での苦手さが認められ、逆唱に時間がかかったことからも、音韻認識が弱いことが疑われました。これらの結果から、聴覚的な短期記憶も同様に低いことが想定されましたが、数唱の課題では標準的な成績を示し、遅れはみられませんでした。しかしPVT-Rの結果より、語彙年齢が低いことから、単語レベルでの語彙の入力がうまくいっていないことが考えられました。新規な単語が意味と結びついた形で長期記憶に保存されにくい原因が、まずは音韻処理の苦手さにあることが仮定されました。

　このようなことから、ワタルくんの音韻認識能力を向上させることは必須であると考えました。日常生活において、一斉の指示でクラスで困らないように動けているということから、簡単で慣用的な言語表現は理解できていると判断できます。ただし、もう少し細かい内容や、複雑なことになると、言語理解にも苦労していることが想像されます。音韻認識の他に、単語レベルでの知識を増やしていくことも、ワタルくんの言語理解能力向上を助けるのではないかと考えました。さらに、ワタルくんの表出言語は、短いものに限られています。長い文ではまだ話せず、自分が説明したいことを話そうとすると、言い直しや挿入などの非流暢性が生起し、不明瞭な話し方になってしまうことも報告されました。これに対応するには、ナラティブの練習[注17]をする前に、簡単な主語＋目的語＋述語の形で表出する練習も必要になります。上手になってきたら、物語を再生するようなリテリング課題（物語再生課題）[注18]を実施することも、発話能力向上に役立ちます。

---

17) ナラティブの練習：始まりと終わりがあり、その間にストーリーが展開する時系列の話を行うために行われるもの。

18) リテリング課題（物語再生課題）：一旦聴いた話を再生させる課題のことである。例えば、「桃太郎」などの昔話、イソップ物語など、誰もが知っている話を読み聞かせ、話した後に、子どもに「今の話を今度はあなたがしてください。」と言って、話すように促す。一度聞いた話であるため、既に文法、語彙についてはモデルが示されている状態である。そのため、文を組み立てて話すのが苦手な子どもにとっては、負荷の低い状態で話すことができる。

上記の評価結果を見て、ワタルくんの最も問題となるのはどういう点だと考えられるでしょうか。学校の勉強の基礎となる読み書きの部分、あるいは発音だと思われる方が多いかもしれません。しかし筆者は、どれくらい自分のことばで話しているのか、その中身がどれくらい家族や友人に伝わっているのかがとても気になりました。親や本人のニーズも、もっと基本的なことばの能力であったり、それが学校の学習場面に活かせたりするような指導を望んでいたりするのだと思われました。指導目標を立てる時には、指導者が最も問題であると考える点が中心になることが多いと思いますが、私の場合は、相談に訪れた家族や本人のニーズも必ず入れるようにしています。その結果、指導目標は以下のようになりました。

〈指導目標と内容〉

1.　書字での誤りを減らす

・音韻操作課題の練習（モーラ分解、抽出課題、しりとり、逆唱など）

・多音節語、特殊音節（濁点、拗音、促音、長音）が含まれる語の書き取り

2.　理解できる語彙を増やす

・小学生用の辞書を活用し、理解があいまいな単語の意味を調べる

3.　説明能力の向上

・絵や写真を用いた説明の練習

・物語再生課題の練習

　上記の目標を立て、指導を行い半年が経過した頃（9歳2か月時）、ある発見がありました。ワタルくんは、表出語彙が豊富でないことからも、記憶力があまり良くないように見えたのですが、ずっと前のことを大変良く記憶していることがわかったのです。そのことは、ワタルくんに「神社」についての説明を求めた時に明らかになりました。3歳の時に箱根に行った話や、その時に神社にお参りをしたこと、風が吹いていて寒かったこと、それでロープウェイに乗ることになったことなど、少しずつですが、ぽつりぽつりと細かい描写が出てくるようになりました。その時の両親の様子まで言語化したので、母親が驚きました。それまで、聴覚的な言語の記憶があまり十分でないように評価していましたが、エピソードの記憶力は大変優れていることが分かりました。ワタルくんの例では、話し方の練習を始め、表出の力が向上したことで、初めて、

以前経験したことの言語化が可能になったといえそうです。その結果、長期的な記憶力が優れていることを、発見できました。長期記憶というところでは、彼が描く絵はいつもカーナビの画面で、メニューなどの表示を文字や記号を含め全て再生します。描かれた道路の地図もおそらく実際に通った道なのでしょう。ワタルくんにとっては言語を介するのではなく、見たものを記憶することの方が得意だったのだと思います。過去の出来事を詳細に覚えているということは、その場面がまるで昨日のことのように鮮明に思い出されるのだと思います。このように考えると、彼のエピソード記憶の能力の高さは、高機能の視覚的長期記憶に支えられて、その画面自体は何度もリハーサルされていたことが推測されます。ワタルくんにとってはそれで十分だったのかもしれませんが、周囲の心配により、言語的な回路を強くすることが求められたのだということになるでしょう。さらに、ワタルくんは数唱の成績は標準レベルで、一概に聴覚的な短期記憶が低いということも言えず、言語でなく記号のようなものだったら入力と保持が可能であったということも、その後の言語発達にとっては良い条件でした。言語的表出力が身についたことで、言語でのアウトプットにより、周囲が彼を賞賛したり、面白い反応が返ってくるようになったりしたことも想像されます。このようにして言語的行動が強化されると、ますます話す意欲や言語表現を楽しむようになったのだと思います。

　ワタルくんの指導経過で、特殊音節の書き誤りが減少したことは成果の一つですが、筆者が最も大きな変化であると感じたことは、話す能力の向上です。これについては、例を示して取り上げたいと思います。

　指導当初はほとんど一語文でした。8か月後の指導場面（9歳4か月時）で、「ティーボール」について説明してほしいと筆者がワタルくんに頼んだ時のお話は次のとおりです。

　「まー、野球みたいだけどさ、えっと、一回でキャッチ、キャッチ、キャッチされたら、えーと、もう、ア、アウトでさー、えーと、バウンドしないで、キャッチされたらアウトで、あ、あとは、えっと……」という話です。発話自体は長くなってきていますが、この話を聴いてもティーボールを知らないと、いったいどんなスポーツだろう？　話を聴いてもよくわからないなぁ、と思ってしまいます。ただ、雰囲気はよく伝わってくる、楽しい話です。「吃音」と

はいえませんが、「えーと」のような間投詞の挿入や語頭の繰り返しが目立ち，非流暢性も目立っています。その後、指導開始から 1 年 10 か月後（10 歳 4 か月）の時には、自分でテーマを決めて、スーパードッジボール大会の話をしてくれました。「もちろん悔しかったけど、でもさぁ、嬉しい話だよ。昨日のおひ、お昼、昨日のさぁ、給食準備中にさぁえーっとさぁ、集まってさぁ、スーパードッチでた人、それでさぁ、えっとさぁ、負けたチームのさぁ、先生からさぁ、表彰状を、えっと、なんだっけ、スーパーアイドル賞もらったの。」という話です。この時、このような長さの文を、初めて聴いたのでとても嬉しかったことを覚えています。そして初めてワタルくんの話の意味がよく分かった、ということを実感しました。指導目標でいうと、「1. 書字の誤りを減らす」や「2. 理解できる語彙を増やす」については、約 1 年でかなり改善がみられたのですが、「3. 説明能力の向上」ということについては長い時間を要しました。指導開始から 2 年くらいたったところで、各検査での数値も上昇し、そろそろスピーチセラピーも卒業しましょう、という運びになりました。

## ③ 学習障害（LD）

学習障害は DSM-5-TR では「限局性学習症（Specific Learning Disorder）」として、学習や学業的技能の使用に困難があり、その困難を対象とした介入が提供されているにもかかわらず症状が存在し、6 か月間持続していると定義されています（American Psychiatric Association, 2022）。その症状には、読み、読解、書字、数学的な困難さが挙げられています。この定義を見ると、日本の教育現場で用いられてきた「学習障害」の内容の一部しか説明されていないように見えるかもしれませんが、アメリカではこのような定義で用いられるのが一般的です。ヨーロッパでは、知的障害と類似した概念で用いられることがあります。

一方、日本では、「学習障害」という用語が教育現場の文脈で用いられることが多く、文部科学省が、「学習障害とは、全般的に知的発達に遅れはないが、『聞く』『話す』『読む』『書く』『計算する』『推論する』といった学習に必要な基礎的な能力のうち、一つないし複数の特定の能力についてなかなか習得できなかったり、うまく発揮することができなかったりすることによって、学

習上、様々な困難に直面している状態をいいます。」と定義しています（三盃，2018）。「学習障害」の概念が入ってきた1970年から1980年の間、児童精神科医などにより神経心理学的な立場での病態把握や概念の整理が行われてきましたが、1992年に開始されたLD研究会が1995年にLD学会へと発展したことで、医学・教育・心理学での学際的な議論の場が作られることになり、「学習障害」の用語は教育の場に返されたと語られています（辻井，2000）。この背景に、広義の「学習障害」という用語があまりにも幅広い概念となり、診断のくずかごになったことから、狭義の病態を探るのではなく、教育現場で困難を抱えている児童の現状に即した支援を行っていこうという流れがあったことがうかがわれます。

　LDをはじめとした発達障害の診断が、「ことばの遅れ」をきっかけになされることが多いことが知られています。言語聴覚士が対応する幼児期にことばの発達が遅れた子どもの多くがLDにみられる状態像に近いことが指摘されています（大石，1994）。したがって、幼い頃にことばの遅れがみられたケースの中で、学齢期になって様々な問題が明らかになる児童が一定数いるということになります。知的には正常範囲を示し、言語能力も年齢相応に追いついたようにみられる場合でも、高度な言語表現や抽象化能力、論理的思考に問題が残る場合があるため、注意する必要があります。

　近年、田中ら（2023）が2歳代での言語発達の遅れを慎重に捉えるように警鐘をならしているように、1980年代から既に、言語発達の遅れについては経過観察が重要であることが指摘されていました。武田・及川・村井（2001）は、言語発達の遅れのある幼児の予後について調査した結果、理解力が保たれているグループの発達は学齢期までに追いつく傾向がみられましたが、そうでないグループについては言語表出が遅れたままであったことを明らかにしました。最近の研究では、この理解力が良好なグループについても予後を楽観視することができないことが示されています。田中ら（2023）は、言語発達が遅れた幼児において、知的には正常範囲にまで発達しましたが、質的にはアンバランスさを残した児童がみられることから、「表出性言語障害」の予後を楽観視しないことが重要だと述べています。幼児期の「表出性言語障害」は、大人の声かけにはよく反応し、音声でのことばはみられなくても、身振り手ぶりで表

現するような様子がみられます。年齢が進むと、遅ればせながら音声言語がみられるようになり、段々と年齢相応な段階に追いついたように見えるのです。ここに注意が必要だということが最近では特に強く言われるようになりました。

##  自閉スペクトラム症（ASD）

　DSM-5-TR によると、ASD とは、複数の状況で社会的コミュニケーションおよび対人的相互反応における持続的な欠陥があるもの、行動、興味、または活動の限定された反復的な様式を示すものとして定義され、両者の行動特徴の例示がなされています（American Psychiatric Association, 2022）。

　ASD の子どもの 25 〜 30 ％が柔軟で円滑なコミュニケーションを行うための表出言語能力の獲得が困難であるとされています（Tager-Flusberg & Kasari, 2013）。さらに、言語を有する高機能自閉症者でさえ話すことは困難であるとされます（Baron-Cohen, Tager-Flusberg, & Cohen, 1994）。したがって、小児を専門分野とする言語聴覚士は、自閉症のある子どもを指導する機会が多くなります。というよりは、言語発達の遅れた子どもの中に、自閉症のある子どもを発見することが決して少なくはないのだろうと思います。海外では、自閉症のある子どもを対象とした縦断研究において、1 年後の意図的コミュニケーション能力（メッセージを伝達するために意図的な方法で身振りや音声を用いること）を予測するのは、どういった能力であるのかを明らかにした研究があります（Sandbank, Woynaroski, Watson, et al., 2017）。サンドバンクらの研究では、意図的コミュニケーション能力を予測できたのは、唯一「運動模倣」だったことが明らかにされました。この研究では、ことばが始まる前の段階で模倣のトレーニングを行うことは、後のコミュニケーション能力に影響を与えうるものとしています。自閉症のある子どもが運動模倣が苦手であることは既に知られていますが、一方で、運動模倣が共同注視やコミュニケーション能力と関連があるということも報告されてきました。この研究を行ったサンドバンク氏はテキサス大学の教育学部で特別支援教育を専門としている准教授でした。彼は自閉症の子どもへの早期介入は、その後の生活や学業成績などに良い影響を与えうると述べています。特に、遊び場面の中で、意図を伝え

ることができるジェスチャーなどを模倣するように促すことができれば、後の言語発達に役立つだろうということを説明しています。この他に予測される要因として、共同注視、玩具を使った遊び、ことばかけを行う遊び、身体を使った遊びなどが挙げられ、これらの関わりについても研究結果としては明らかにはなりませんでしたが、軽視されるべきではないということも付け加えられています。

　このように考えると、幼少期の自閉症と出会う支援者には果たすべき役割が沢山あり、彼らの将来に影響を与える存在として大変重要であるといえるのではないでしょうか。音声言語がみられない自閉症の子どもに対して行われる方法は、本章6「言語発達が遅れた子どもを対象とした指導方法」の中に掲載し、説明しています。

## （1）前言語期のコミュニケーション

　自閉症の子どもたちは、音声言語を獲得したら言語の問題は解決したと考えてよいでしょうか。一般的には生後9か月くらいで獲得できる「意図的コミュニケーション」には、日常的なもの（あいさつなど）、原命令（望んでいるものを手に入れるために使うもの）、原叙述（興味を持っているものを指し示すために使うもの）があります。この中で、自閉症の子どもが苦手とするものは、原叙述です（Curcio, 1978）。典型発達の子どもではこの時期に遊びの中で発達する共同注視が自閉症の子どもたちにはみられにくいことが知られていますが、この共同注視の欠如は、言語発達に関連するといわれます（Loveland & Landry, 1986；Mundy et al., 1990）。子どもが親と遊びながら行う共同注視においては、興味を持っているものを共有するという形だけでなく、「おもしろいね」「たのしいね」というような情動的な態度も情報として伝えられるとされています。共同注視が生起しない状況では、「このおもちゃ見て！」というような原叙述でのコミュニケーションも不可能です。この形でのコミュニケーションでは、子ども側も、親の表情や情動から情報を得ることができます。したがって、典型発達の子どもたちは、この9か月の段階で、大人とのコミュニケーションで情報を交換していることに気づいていきますが、ASDの子どもたちには、この気づきがないということになります。このことが、後の

語用論的側面の苦手さにつながるのではないかと考える研究者もいます。

## （2）初期の言語

　典型発達では始語が「マンマ」であることが多いということは既に述べました。しかし、ASD の子どもの場合、始語が遅れた場合でもいきなり「ぞうさん」と言ったり、「（クレヨン）しんちゃん」「アンパン（マン）」ということばから言い始める場合もあります。典型発達では、最初に「マンマ」「ブーブー」を表出し、徐々に「ごはん」「くるま」と言えるようになり、それより下位の概念である「おにく」「しょうぼうしゃ」などを覚えていきます。しかし、ASD の子どもは先に下位概念である「パジェロ」を習得する場合もあり、先に、興味を持ったものを詳しく知り、覚えることがあります（斉藤，2010）。多く覚えることばの例として、車種や電車の名前、動物や虫、魚の名前などの例があります。しかしその場合でも、通常とは異なる独特の発音やリズムであったり、平板な言い方であることがよくみられます。大人が質問しても、イントネーションを含めてそのまま繰り返す（エコラリア）ことも多くみられます。

## （3）統語的発達

　ASD の子どもに話しかけるとき、「今日は保育園でどんなことしたの？」と尋ねるよりは、「今日は保育園でお歌はしたの？」と質問する方が、会話がスムーズであるということを、家族や支援者は経験していると思います。こちらが投げかけた質問がエコラリアとして返ってくる場合もあります。なぜ、そのようになるのでしょうか？　ダウン症など知的障害のある子どもの場合も、少し込み入った質問には、応答がないことがありますが、ASD の子どもと違いがあるのでしょうか？　典型発達の子どもは、全ての疑問詞を 4 歳くらいまでには理解し、使えるようになることがわかっています（Brown, 1968）。日本語話者の子どもを対象とし、疑問詞の獲得順序について調べた研究では、知的障害と ASD の両方の子どもの群で、同様に「なに」「どっち」「どこ」「だれ」「どうやって」「なぜ」「いつ」の順であったことがわかりました（大原・鈴木，2004）。両群ともに、獲得の時期には個人差があり、遅れがちであること

は明らかですが、順序については、同じであるというのが、この研究結果からわかったことでした。つまり、言語指導を行う際に、一般的な獲得順序に沿って練習していくことで問題はないと考えます。ただ、途中の段階で止まってしまう子どもがいることも推測されます。その場合は、次の段階に上がることだけを目指してしまうと、子どもが学習意欲を失う可能性があるため、できる部分を認めながら行うことも必要になります。

　以上、知的障害の併存している ASD の子どもの研究結果を述べましたが、知的障害がない場合についても、統語上の問題が指摘されています。夏目・廣田（2017）の研究では、知的な遅れのない 5 ～ 7 歳の ASD の子どもを対象として、系列絵を見て物語を作る課題を行いました。その結果、用いている語彙数や文の正確さなどについて、ASD の子どもに劣った点はありませんでしたが、助詞の誤りが多いことがわかりました。助詞の誤りについては、それまでにも終助詞「ね」など、人に対して話しかけるような表現で使うものが獲得できないことが、知的障害を伴う ASD の子どもを対象にした研究でわかっていました（綿巻・西野，1997：藤上・大伴，2009）。しかし、知的障害の併存がない ASD についても、統語上の苦手さがあることがわかったことが近年の研究の成果です。

　その他、日本語話者を対象として行われた研究では、「能動文－受動文」の理解（中川・松本（島守）・伊藤，2013）、「あげる－もらう」などの授与動詞の獲得（高橋・野呂，2005；佐野ら，2008）、指示詞の理解や使用（伊藤・田中，2006）の困難について検討されたものがあります。

　最近の研究では、ASD の子どものナラティブに焦点をあてたものが多く、典型発達の子どもたちと異なる点が指摘されています（重森・廣田，2021）。その内容の一部をまとめると、ASD の子どもは、物語の物理的な側面や物事の成り行きについては正確に伝えることができますが、心情が絡んだものの場合は、因果関係の説明などができない場合があることがわかっています。また、一般的にナラティブの能力が年齢的に変化する中で、ASD の子どもは年齢の上昇に伴い、典型発達の子どもの能力に追いつく傾向があることもわかっています（溝江・大伴，2022）。

　以上のことを踏まえると、知的障害の併存の有無にかかわらず、ASD の子

どもに対して、統語面での指導が必要であることになるかと思います。知的障害が併存している場合は、課題は明らかであるように思われますが、併存していない場合は、非常に些細な違いや遅れであることが推測されます。話の理解や説明の能力により、実際のコミュニケーション場面で誤解され、困ることがないように、小児期に統語的な側面の能力を磨いておくことが必要ではないかと考えます。

## (4) ASD にみられる言語の問題

　ASD の言語について考える際に、「心の理論」の問題を除外することはできないでしょう。1991 年にシアトルで行われた「心の理論」についてのワークショップが "Understanding other minds: Perspectives from autism" という著書にまとめられ、1997 年に『心の理論―自閉症の視点から（上）（下）』として日本語に翻訳されました（Baron-Cohen et al., 1994；田原（監訳）1997）。原典は、サイモン・バロン＝コーエン、ヘレン・ターガー＝フラスバーグ、ドナルド・ジェイ・コーエンの 3 名が編者となっていますが、後にロンドン大学心理学部の教授となったピーター・ホブソン氏は第 10 章の中で、「心の理論」で議論となっている問題について整理しています（Baron-Cohen et al., 1994；田原（監訳）1997）。言語については、それまでの学者らが、ASD の子どもたちが言語の理解や使用において苦手である顕著な点を証拠として積み上げてきたのは、この苦手さが社会的理解の欠如によるものなのか、あるいはさらにその根底に認知的な能力の欠如があるのか、という点であるといいます。ホブソンの表現では、ASD のある子どもはしばしば、言語の多様性を見落としたり誤ったりしているというのです。この言語の多様性とは、発話者と聞き手における立場やコミュニケーション上の様々な意図において調整され、理解されるものであると説明されています。この言語の多様性を支えているものは、言語能力ではなく、社会的理解であると述べています。社会的理解の欠如がどれくらい言語発達に影響しているかが重要な研究課題であると述べています。

　こういった、先人たちの議論の結果、DSM-5-TR などにみられる最近の定義では、言語障害は必須でなく、社会性やこだわりなどの行動が中心となって

います。以前は、ASD のある子どもに見られる言語障害の問題は、ASD に見られる中核的な特徴として認識されていましたが、最近の考え方では、必ずしもそうではなく、むしろ、言語障害は ASD に併存する問題、あるいは二次的な問題として捉えられているようです。

　以前は、ことばの使い方に特徴があり、コミュニケーションがうまくいかない子どもは、ASD（DSM-Ⅳ、DSM-Ⅳ-TR では「広汎性発達障害」として）の診断に含まれていました。DSM-5-TR には、「社会的コミュニケーションの著しい欠陥を認めるが、それ以外は自閉スペクトラム症の診断基準を満たさないものは、社会的（語用論的）コミュニケーション症として評価されるべきである」と記されています。今後、自閉症によくみられるコミュニケーションの問題を示しながら、興味や活動の限局などがみられない子どもは、「コミュニケーション障害」の下位分類「社会的（語用論的）コミュニケーション症／社会的（語用論的）コミュニケーション障害」と診断される可能性が高いことが予想されます。しかし、「社会的コミュニケーション症」の特徴に含まれる、時と場所と相手によることばづかいの変更が難しい、曖昧なことばや言いまわしの理解が困難で、相手の言ったことを字義どおりに受け取るなどの特徴は、ASD の特徴にも認められる症状であり、実際には鑑別が難しいのではないかと考えます。中田（2018）は、「社会的コミュニケーション症」は現在の法律では ASD とは異なるため、発達障害者支援法による支援の対象ではないが、ASD と同じようにこの法律でカバーされるべきだと主張しています。

### （5）学齢期で問題となる言語の問題

　幼児では、初語がみられるかどうか、2 語文になっているかどうか、などが、発達上の問題として取り上げられます。この時期は、ことばがでてくれば親も安心し、療育機関などでも指導が終了となることが多いかもしれません。一方、既出の「レイトトーカー」によると、二歳代で遅れがみられていた場合は、学齢期以降も予後に気をつけなくてはならないということが書かれていました。これはどういうことなのでしょうか。大石（2001）は、幼児までは、生活の中にみられることを話すことが多く、その背景は大人と共有されている状態であるため、言語発達の問題が目立ちにくいことを説明しています。一方、

小学校に入ると、生活文脈は共有されることなく、教科書の中にある文字を読んで内容を理解する「学習言語」に移るため、本当の言語能力が必要になってくるといいます。本当の言語能力とは、例えば、誰かと話の背景を共有していなくても、言語だけで説明できること、あるいは理解できることを指しています。文字情報においては、あらかじめ知っていることが書かれていることもありますが、物語などのフィクションは、既存の情報を持たずに読むことになるため、本当の言語力が必要となります。この段階になった時に、ちょっとした文法の問題や語彙があまり獲得されていない状況があると、言語的やりとりについていけなくなることが想定されます。しかし、そういった場合でも、多くの場合は、日常生活でよく使う表現（慣用的な表現）や簡単な言い回しはできるため、問題が目立ちにくくなります。一方、子どもは、学校などで話される言語の詳細な部分の理解ができないまま過ごすことになりますので、段々と学習や一斉での活動につまずくようになることが予想されます。この状況に、担任や周囲の大人が気づいて、子どもを専門機関に紹介するなどの対応がなされれば良いのですが、放っておかれると、その子どもの問題の根本にある言語の問題は気づかれることなく、表面上の学習の困難や行動の問題として扱われることになってしまうでしょう。

　もし、専門機関への紹介がうまく行けば、子どもは知能検査や各種発達検査を受けることになり、検査結果と言語聴覚士の観察や聞き取りなどの評価結果から、最終的には、DLD や SLI などの診断名が付くことがあるかもしれません。診断に基づき、子どもの言語の問題が聴覚入力の問題なのか、言語表出の問題なのかについても明らかになると思います。さらに、学習場面でできる配慮事項（口頭だけでなく黒板に書いてもらって説明を受ける、重要な話の時には録音を認めるなど）についても説明を受けることができます。まず、学習がうまくいかないことが、本人の勉強不足ではなく、言語の問題に起因していることを明らかにすることが重要で、次に、学校生活で問題がないように過ごすための対処法を考えていくことが必要です。

## ⑤　注意欠如・多動症（ADHD）

　注意を集中あるいは持続することが困難であるために、多動、衝動的になる

子どもたちは DSM-5-TR や ICD-11 で「注意欠如・多動症」「注意欠陥多動障害」と定義しています。ADHD の症状は「不注意と多動」と「衝動性」の症状に分けられます。多動のない、不注意だけの障害（注意欠陥障害）である場合もあります（宮尾，2007）。

　ADHD のみられる子どもに言語の問題があるのか、という点についてはさまざまな議論があります。一般的に、ADHD には知的機能や言語能力に問題がないという前提で説明される場合もあるかもしれません。一方で、ADHD の子どもには、しばしば言語の困難があり、受容言語と表出言語の両方に影響があるとも説明されます（Selikowitz, 1995：中根・山田（訳）2000）。本書では、ADHD のある子どもの言語発達にどのような問題が想定されているのかに注目します。宮尾（2000）は、1 歳 6 か月時健診で保護者からどんどん離れて行ってしまい、名前を呼んでも振り向かないような行動を ADHD のある子どもによくあるパターンとして紹介しています。さらに、2 歳の段階で 2 語文が出ているかの確認が重要であるということにも言及しています。一方、佐藤（2007）は、学齢期の問題として、物語を音読する際に読み飛ばし、読み間違いをしやすいこと、過去現在未来の時制が混乱すること、ひいては起承転結がごちゃごちゃになる、物語そのものが、とんでもないストーリーに変わって読まれること、内容を取り違えてしまうことなどを挙げています。

　さらに海外の研究では、発話・言語障害には ADHD が併存しやすいことが共通理解され、併存率の報告は 17-66 ％の範囲にあるようです（McGrath, Hutaff-Lee, Scott, et al., 2007）。ADHD の特徴に含まれるのか、併存と捉えるのか、という点についてはさておき、ADHD のある児童には発話や言語の障害がみられることは、決して少なくないといえると思います。カメラータとギブソン（Camerata & Gibson, 1999）によると、ADHD の子どもにおいて、文法的な欠陥がみられるという多くの報告があり、彼らが言語獲得期に潜在的に学習機会を逃していたことの結果ではないかと説明されています。2014 年に行われたオーストラリアの研究でも、ADHD のある子どもたちは、典型発達の子どもと比較すると、言語能力の測定検査結果が有意に低かったことが報告されています。この研究ではこの言語能力の低さが、成績に影響していたという結果も得られています（Sciberras, Mueller, Efron et al., 2014）。

このように、発話や言語の障害というと、構音や語彙を含めた統語的問題（文法的能力の問題）が主となりますが、語用論的能力についての研究もあります。言語指導の最終的な目標を、人との円滑なコミュニケーションであると考えると、一つ一つの語を正確に理解することや、文の意味を理解することはもちろん基本的に重要ですが、その次に、「話し手の意図を解釈できているか」という能力を身につけることが必要になります。語用論的能力とは、語や文の表面的な意味（「りんご＝赤い果物」「わたしはりんごをたべています」）を超えた、話し手が伝えようとしている本当の意図の理解を示します。この話し手によって意図された意味を研究する領域が「語用論（pragmatics）」です（Yule, 1985；今井・中島（訳）1987）。

ADHD の語用論的能力においては、前述のカメラータとギブソン（Camerata & Gibson, 1999）により、いくつかの特徴があることが示されています。例えば、適切なところでアイコンタクトができない（日本語では相槌も入るでしょう）ために、やりとりが中断したり、相手より沢山話しすぎてしまったり、あるいは、聞かれたことに対して答えていない、などです。

意味論、統語論、語用論的側面の全てを対象として調査した研究では、ADHD のある子どもは、語の受容的な理解能力においては、典型発達の子どもと差がないという結果でした（Kim & Kaisen, 2000）。しかし、TOLD-2[注19]という言語テストでは、文の模倣、語の発音、スピーキング、総得点において、ADHD の児童は得点が低いという結果でした。語用論的能力のテストにおいても、ADHD の児童は、会話の相互作用場面で不適切な態度を示しました。しかし、彼らは会話場面で注意すべき行動についての知識が足りなかったのか、という点ではそうではなく、典型発達と同じような量の知識を持っていたとのことです。

　言語発達が十分ではないと判断された場合、日本の小学校では、「言語障害通級指導教室（ことばの教室）」に通い、支援を受けますが、概ね改善したら

---

19) TOLD-2：アメリカで開発された言語能力を測定する検査で、Test of language development の略。リスニングとスピーキングの両分野における言語能力を測定するもので、語彙力、語句の明瞭さ、文法、構音などの能力を測定するテストが含まれる。言語能力において同年齢集団の児童より低い者をスクリーニングできるように作成されている。

指導が終了となります。竹内（2012）は、本当に改善して終了になる場合と、まだ問題は潜在的に残っているが、目立たなくなっているだけである場合があることに注意が必要だといいます。この隠れた、目立たない言語の問題が、友人とのコミュニケーションに影響し、トラブルになったり、友人ができない原因にもなり得るというのです。高学年になると、言語発達のつまずきは、社会性のつまずきへと移行する可能性があるため、注意が必要だと説明されています。

　上記のことから、ADHDのある児童の中には、言語能力に問題がある者が含まれている可能性は高いといえるでしょう。研究結果からは、全体的な低さというよりは、部分的な弱さを示しやすいことが読み取れます。したがって、ADHDのある子どもについては、言語発達に問題がないという先入観を持たず、言語能力の評価を行い、苦手な能力を補っていく必要があると考えます。さらに、語用論的能力の問題が、クラスでの友人との相互作用や成績にも影響すると考えられるため、会話場面でのコミュニケーションに役立つ指導も必要な場合が想定されます。その際に、実際の場面ではできないだけで、自分だけが話し過ぎないことや、相槌の打ち方などについて、知識としては持っている可能性もあることを念頭におき、その知識を活かすことができるような支援も考えて行く必要があるでしょう。

　ADHDのある子どもの語用論的能力について説明をしてきましたが、中には、話に脈絡がなく、思いついたことをそのまま話す子どもがみられることも知られています。その場合は、話型のポイント（5W1Hのような）のメモを持ちながらそれに添って話す方法が勧められます（榊原・佐藤，2014）。筆者がよく訪問する東京都内のことばの教室では、話したい内容を日常の中から決め、教師と子どもでマインドマップ[注20]を作ってから話を始める練習を行っています。この方法で練習した子どもは、思いつきの話になることなく、順序立てて話すことが上手になっています。

---

20）マインドマップ：人間の自然な思考過程を紙面などに見える形で表す方法。イギリス人のトニー・ブザンが考案した。

## 6 言語発達が遅れた子どもを対象とした指導方法

### （1）応用行動分析

　行動主義においては、言語行動を環境から学習されたものと捉えます。標的となる言語行動が環境からどのような刺激を与えられたときに生じたのかを分析し、その関係を明らかにすることで、標的行動の生起を増やしたり減らしたりと、コントロールすることができるという考え方です。したがって、応用行動分析の方法では、獲得の標的となる言語表現に対し刺激を与え、生起頻度が高まるようにします。例えば、「いただきます」という挨拶の言語運用を学習させたければ、「いただきます」が正しく言えた時に賞賛を与えることにより、そのことばを獲得させていくことになります。このように誉めることが「強化」となります。応用行動分析における、言語指導上のいくつかの技法を以下に紹介します。

①モデリング法

　大人が、子どもが興味を持っているものに注意を向け、それについて、ことばのモデルを示します。子どもが車のおもちゃを走らせているときに、「くるま」というようにモデルを示し、子どもに模倣を促します。

②マンド・モデリング法

　大人が、子どもが何か要求する場面について、ことばのモデルを示します。例えば、何かとって欲しい場面であれば、「とってー」ということばをモデルとして示し、模倣を促します。

③時間遅延法

　子どもが援助や何かを要求している場面で、子どもがことばで要求をするまで、数秒待つという方法です。

④機会利用型指導法

　要求が生じやすい場面を設定し、モデリングやマンド・モデリングの技法を使って、標的となる言語模倣を促します。

### （2）認知・言語的アプローチ

　認知とは、知覚、注意、記憶、想像、問題解決などの感覚情報が処理される

第3章　言語発達の問題と指導事例

過程の全般を指しますが、言語でのコミュニケーションは、その全ての側面において認知が関係すると考えられます。言語コミュニケーションが支えられる認知的基盤には様々なものが含まれるのです。例えば、自分の周りにある物には全て名前がついているとの気づきが言語獲得には非常に重要だと考えられています。それは、言い換えると、示されている内容と記号の関係に気づき、理解できるということであり、「象徴機能」と呼ばれています。あるいは、このように、物には名前が付いていることに気づくには、それぞれの物が固有の特徴を示していることを知る必要があります。つまり、大きさや形、色の違いに気づく必要があります。これらは視覚的弁別能力と呼ばれ、子どもの言語能力を支える認知基盤となります。さらに、子どもは自分の親の髪型や洋服が変わっても、自分の親であることを認識するでしょう。また、子どもは、家の中で遊んだ車の玩具と、外で見た本物の車は同じ種類の物であることを知っているでしょう。こういった働きは「物の永続性」と呼ばれ、2〜5か月くらいの子どもは、自分の目の前から物が見えなくなってもそこに存在しているのだということを既にわかるようになります。「認知・言語的アプローチ」は、このような前言語期からの認知的基盤が、子どもの言語発達には非常に重要であるという立場から、子どもの認知的側面に焦点をあてた指導を行うことを指しています。

◎国リハ式〈S-S法〉言語発達遅滞検査

　このアプローチで最も知られているのが、「国リハ式〈S-S法〉言語発達遅滞検査」（小寺・倉井・佐竹，1998）です。S-S法のS-Sとは、記号形式（sign）と指示内容（significate relations）のそれぞれの「S」を示します。この検査は、i記号形式 - 指示内容関係、ii基礎的プロセス、iiiコミュニケーション態度に分かれており、特にiの部分に「認知・言語的アプローチ」としての特徴があります。0〜6歳が検査の対象であり、有意味語が出現する前の段階から評価が可能となっています。この検査でいう「記号形式」において、記号は音声言語だけではなく、身振りや文字も含まれます。

　S-S法のi記号形式 - 指示内容関係には第1〜5段階が設定されています。段階1「事物・事態の理解困難」は言語未修得の状態でまだ事物・事象の概念が形成されていない段階で、段階5は「語連鎖・統語方略（可逆事態）」と

なっており、「犬がパンダを洗っている」と「犬をパンダが洗っている」の違いが理解できるような段階です。段階ごとに達成されるべき目的があり、その階段を登っていくように指導が行われます。段階に沿って行うべき課題が明確であることは、臨床家にとっても実施しやすい利点となっています。一方、ある段階で子どものパフォーマンスが留まってしまった場合には、さらにスモールステップをしながら目標に進んでいくことになるでしょう。どうしても越えられない壁に当たってしまった時に、臨床家がどのように指導を展開していくかについては、その都度、検討が必要となります。S-S法はこのように目標の行動に向けて一つ一つの課題を達成していくように指導するもので、課題優先型の指導に分類されます。

S-S法は各段階の中にさらに段階が設けられています。また、マニュアルが非常に機能的に作られており、課題の実施もかなり構造化された形で行われるため、ASDの子どもにも適応しやすいのではないかと思われます。

## (3) 語用論的アプローチ

言語聴覚療法の発展は、戦争に関係があったといわれています。第一次世界大戦、第二次世界大戦で多くの負傷者を出した国では、脳損傷の患者が多く、ことばを話すことが不自由になった患者への支援が必要になったのです。彼らを対象とした言語訓練には、絵カードを使って、描かれた対象物の名称を音声言語と結びつけるような課題が行われていたことから、言語訓練は課題優先型で、指導者が主導的に進める方法が一般的でした。

1970〜1980年代にかけて起きた「語用論革命」の流れで、言語障害の支援のあり方は転換期を迎えます。子どもの言語獲得研究への議論が盛んになり、ブルーナーが"From communication to Speech（コミュニケーションからことばへ）"という論文で、子どもと親のやりとりの中にコミュニケーションの原型があることを述べました（Bruner, 1974）。この考え方では、語彙や文法などの言語構造を教えてから実践させるのではなく、コミュニケーションをしながらそのプロセスの中に言語獲得があるということを重視しています。この観点が導入されてからは、言語指導とは、個室で課題を中心に行われることを第一とはしない考え方が広まっていきました。欧米での語用論的アプローチの

台頭にはこのような背景があったことになります。本著では、「相互交渉型アプローチ」と「伝達場面設定型アプローチ」を紹介します。

①相互交渉型アプローチ

　相互交渉アプローチを代表とする方法に「インリアル・アプローチ」があります。インリアル・アプローチはもともと 1970 年代にアメリカで開発された方法です。アメリカでは当時、統合教育の流れがあり、ことばの遅れた幼児が通う幼稚園にセラピストが入り、支援を行っていたことから、"INREAL：In-class Reactive Language therapy" と名付けられていました。その後、インリアルが対象とする領域は広がり、1984 年に "INREAL：Inter Reactive Language and Communication" と名称が改められました（竹田・里見，1994）。竹田契一氏と里見恵子氏が書かれた著書『インリアル・アプローチ』にその詳細が説明されています。

ｉ　インリアル・アプローチの理念

　あらかじめ決められた課題を行わせるのではなく、自由な遊びの場面を通じてコミュニケーションを育てることを理念として掲げています。子どもの方から遊びやコミュニケーションを開始できる力を育てることも含まれます。

　また、通常の教育で、子どもたちが大人の指示に従うように教育され、よく言うことを聞く子どもは大人にとっては都合が良い存在であるかもしれないですが、インリアル・アプローチは、果たしてそれで良いのだろうか、と疑問視しています。さらに、障害のある子どもは、大人の指示に従えなかったり、一般の集団の中ではみ出さなかったりするように行動できる子どもばかりではないことから、指示に従えることを目標とするのではなく、そのような個性を認め、彼らが自主的に活動を開始できる力を養う方が、適切であるという考え方を示しています。大人が主導して沢山の指示を与えるのではなく、なるべく受動的に関わることで、子どもが開始できる機会を増やそうとする方法をとるのです。インリアル・アプローチの理念に従ったこの考え方は、子どもの集団における一般的な行動や振る舞いを目指すものではなく、大人の社会で都合よく行動できる子どもを育てようとするわけでもないのです。子どもが自主的に活動を開始できる力を伸ばそうとし、子ども自身の能力を尊重しているという点で、神経多様性に着目した支援を考えていく際に、とても共鳴できる理念を示

しているのではないかと考えます。

ⅱ　インリアル・アプローチで行うこと

　子どもと大人がやりとりをしている場面について、一定期間の発話と行動を逐語録として書き起こし、子どもが開始した伝達行動について大人が意図を適切に理解し、子どもに返すことができているのか、という点を評価します。通常は、子どもに何らかの検査を行い、設定された目標について指導が行われますが、インリアル・アプローチでは、子どもだけでなく大人も評価の対象となるのです。

　この評価を行う際に、「コミュニケーションの原則」に合った態度でコミュニケーションがなされているかという点についても同時に確認されます。この「コミュニケーションの原則」はグライス（Grice, 1975）の「会話の原則」が参考にされているため、両方の内容の詳細を示します（表8・9）。私は、語用論的アプローチによる指導が最終的に目指しているのは、この「会話の原則」に示された内容であるのではないかとも考えています。言語障害の状態によっては、それが難しい場合もあるかもしれませんが、「会話の原則」を友人とのコミュニケーションで活かすことができれば、友人との関係がうまくいくと思

**表8　効果的に伝達するための4つの「会話の原則」**

| |
|---|
| 話し手は会話の目的、方向づけに矛盾しない形で言語伝達を行う。<br>話し手と聞き手は、言語伝達においてお互いに協調すべきである。<br>1.　量の公理（Quantity）…求められている適切な情報量であること<br>　・必要とされる情報を提供するべきである<br>　・必要以上の情報の提供をするべきではない<br>2.　質の原理（Quality）…情報が正確であること、根拠のある事実を告げる<br>　・偽りと考えることは言うべきではない<br>　・十分な根拠を欠いていることは言うべきではない<br>3.　関係性の原理（Relation）…関係があることを述べる<br>　・無関係なことは言わない<br>4.　明確さの原理（Manner）…順序立ててわかりやすく簡潔に情報を伝えること<br>　・不明瞭な表現は避ける<br>　・曖昧な表現は避ける<br>　・簡潔に表現する<br>　・整理された表現をする |

Grice, H. P. (1975). Logic and Conversation. In P. Cole, & J. L. Morgan. (Eds.), Syntax and Semantics, Vol. 3, Speech Acts (pp. 41-58). New York Academic Press. を参考にまとめた。

第3章 言語発達の問題と指導事例

## 表9 コミュニケーションの原則

1. 大人が子どもの発達レベルに合わせる
2. 会話や遊びの主導権を子どもに合わせる
3. 子どもが始められるよう待ち時間を取る
4. 子どものリズムに合わせる
5. ターン・テーキング（やりとり）を行う
6. 子どもと会話や遊びを共有し、コミュニケーションを楽しむ

水田めくみ（2018）．ダウン症児の言語・コミュニケーションの特徴とインリアル・アプローチによる療育．脳と発達，50(2)，115-120 の p.116 を参考に筆者が作成した。

## 表10 SOUL

1. Silence（静かに見守ること）
   子どもが場面に慣れ、自分から行動が始められるまで静かに見守る
2. Observation（観察すること）
   子どもが何を考え、何をしているのかをよく観察する
   コミュニケーション能力・情緒・社会性・認知・運動などについて子どもの能力や状態をよく観察する
3. Understanding（深く理解すること）
   観察し、感じたことから子どものコミュニケーションの問題について理解し、何が援助できるのかを考える
4. Listening（耳を傾けること）
   子どものことばやそれ以外のサインに十分、耳を傾ける

水田めくみ（2018）．ダウン症児の言語・コミュニケーションの特徴とインリアル・アプローチによる療育．脳と発達，50(2)，115-120 の p.116 を参考に筆者が作成した。


いますし、仕事の場面で使えれば、有能な人材だと認めてもらうことができるでしょう。親である場合、子どもとのコミュニケーションで「会話の原則」や「コミュニケーションの原則」が実行できれば、子どもの気持ちもよく理解できるようになるでしょうし、子どもは、自分の話がよく伝わった満足感から、もっと親と話したくなるでしょう。ただ、通常、インリアル・アプローチを使う場面では、子どもは言語に遅れがみられるケースがほとんどであるため、まずは大人の方が上記のような原則に基づいた、モデルとなる話し方をする必要があるわけです。

　先ほど、このアプローチでは、子どもに検査をしたりせずに、目標を決めて介入することを説明しましたが、それは、何も参考にしないですぐに始めるということではありません。そのために、SOUL という4つの具体的な方法が示

されています（表10）。その子どもに初めて接するときには、子どものことが何一つ理解できていない状態であるはずです。ですから、まずはじっくり観察する必要があるというのです。そしてこの期間に、子どもが場面や人に慣れるのを見守ります。子どもを理解するためには、よく耳を傾けることも必要です。この時に、子どものことばだけを聴くのではなく、それ以外の動作やサイン、アイコンタクトなどの非言語的な行動についても見逃さないように受け取ります。子どもが発信した言語や非言語について理解するためには、子どもが遊んでいる状況や文脈の理解も必要です。まだ、指導が始まったばかりで情報が少ない場合には、保護者から、子どもの普段の生活での状況を聞き取った内容が参考になることもあります。言語表出に遅れがある子どもの場合、言いたいことを音声言語だけでなく、アイコンタクトやちょっとした身振りで伝えていることもあります。子どもが発信している小さな伝達を、できるだけ見失わないように受け止めて、それに対して適切な内容を子どもに返していくということの積み重ねが、遊び場面を使った指導には大変重要となります。

　子どものことを徐々に理解できるようになり、お互いに慣れてきたら、いよいよ言語指導の介入が始まります。具体的には、上記のSOULの姿勢とともに、「言語心理学的技法」を使って指導を行います。

ⅲ　言語心理学的技法

　子どもが開始したやりとりの中で、大人が子どもの意図に沿って応じていく関わり方や言語心理学的技法は、育児語の研究結果を参考に作られています（竹田・里見, 1994）。大井（1994）は、スノーとペンマンとネイサン（Snow, Perlmann & Nathan, 1987）が北米の白人中流家庭において、母親が子どもの注意の焦点や話題に沿って話すという相互作用スタイルが、子どもの新しい情報の入力の促進に貢献していることを見出したことを説明しています。そのため、これらの技法は子どもにとって大変わかりやすく、言語指導を行うことで、音声言語がまだみられない段階であっても、無理のないように大人と関わることができるようになっていきます。この技法の中に、子どもが知らない単語について教えるようなもの、子どもに「これはなに？」と質問するようなものは入っていません。言語獲得が遅れている子どもにとっては、新しい単語を覚えるように強制されたり、質問をされたりすることは負担になり、そのよう

第 3 章　言語発達の問題と指導事例

**表 11　言語心理学的技法**

ミラリング：子どもの動作を大人が真似すること
　　　　　例：子どもが二つのブロックをくっつけてカチカチと音を鳴らしている場合、大人も同じようにブロックをくっつけて鳴らす
モニタリング：子どもの声やことばをそのまままねて返す
　　　　　例：子どもが「うわぁー」というと大人も同じように「うわぁー」という
パラレルトーク：大人が子どものしている行動や気持ちを言語化するもの
　　　　　例：子どもが車を動かしていたら「ブッブー」という
セルフトーク：大人自身の行動や気持ちを言語化するもの
　　　　　例：「ブロックくっつけるよ」と言いながらブロックをくっつける
リフレクティング：発音や意味、文法、使い方など間違いを正しいことばに直して子どもに返していくもの
　　　　　例：車のことを「ポッポー」と言った場合、「ブーブー」と正しく返す（「違うでしょ」「はっきり言ってごらん」という返しはしない）
エキスパンション：子どもの言ったことばを基本的、文法的に広げて返すもの
　　　　　例：子どもが電車を走らせようとして「ポッポー」と言ったときに、「ポッポー、出発！」と言う
モデリング：子どもの言ったことばを使わずに、新しいことばのモデルを提示するもの
　　　　　例：子どもが「でんしゃー」と言った場合、「動物園行きのでんしゃでーす」と新しい情報や言い方を示す

水田めぐみ（2018）．ダウン症児の言語・コミュニケーションの特徴とインリアル・アプローチによる療育．脳と発達，50(2)，115-120 の p.116 を参考に筆者が作成した。

なやりとりが続くようでは、子どもはつまらないと思い疲れてしまう可能性があります。そうならないように、各技法は作られています（表11）。

　「ミラリング」は子どものことばや行動を鏡に映ったもののように返すことです。このようなことをしている大人が側にいることで、子どもが、大人の存在に気づくことを目的としています。自分と同じような動きを、側にいる大人が真似することで、子どもは大人の動きに興味を持つでしょう。「セルフトーク」は、子どもが自分が声を発することで、側にいる大人がなにか反応をすることに、気づくことを目的としています。自分が声を出すと、大人が同じように返してくれる、このことに気づくと、声を出すと周囲の人が動き始めることを知るようになります。このような技法を使うことで、子どもが声を出すことを楽しむようになることをねらっています。「パラレルトーク」は大人が子ど

もの行動を言語化するものであり、ことばを聴かせると同時に、大人が子どもと一緒にコミュニケーションしたいという意図を伝えるものです。「セルフトーク」は大人が自分の気持ちや態度を子どもに知らせるものです。まだ音声言語の理解が十分に育っていなくても、大人が簡単なことばでセルフトークを行うことで、子どもにとっては、いっしょに遊んでいることに気づくことのきっかけにもなります。

「リフレクティング」や「エキスパンション」は、子どもが話題にしていることに続けて関連したことばかけをしながら、新しい表現を教えようとする技法で、意味的随伴性（semantic contingency）と呼ばれるものです。竹田・里見（1994）は、子どもの「ワンワン　ごはん」に対し、大人が「うん、犬がご飯を食べているね」と返すことで、言語的な要素が追加され、言語心理学的には「リキャスト」という機能であることを説明しています。それに対し、「ワンワン　ごはん　おいしいよ」というふうに、子どもの表現が拡げられた場合は、「拡充」です。これらがインリアル・アプローチの言語心理学技法に活かされています。

「モデリング」はインリアル・アプローチの「受動的に関わる」接し方に、一見、反するように感じられます。しかし、子どもが開始した文脈に応じたモデルを示す、という点では、他の技法と同じです。子どもが表現しきれていない場合に、大人から、新しい言い方を提案する技法で、子どもがその言い方を模倣し、自発的に使えるようになることを目指します。

iv　インリアル・アプローチの対象

基本的には、ことばの発達が遅れた子どもが対象ですが、様々な背景疾患のある子ども（例えば、ダウン症や自閉症など）に用いることができます。『子どもと話す：心が出会う INREAL の会話支援』の著者の 1 人である大井佳子氏が、親が必要としているのは、沢山の情報ではなく、目の前にいる我が子と付き合う方法である、ということを書かれていますが（大井・大井，2004）、このように、子どもにことばの遅れがあって、悩んでいる保護者にとって、インリアル・アプローチは、関わり方の基本を学ぶ機会にもなると思います。

もともとは、音声言語がみられない段階の子どもや、重度の障害がある子どもに適している方法だとみられる傾向もありましたが、大井氏の著書では、お

母さんとの会話が時々ちぐはぐになり、互いに理解できない状況であった高機能自閉症の子どもについて、インリアル・アプローチでの介入によって、分かり合える場面が増えた例が紹介されています。さらに、保育現場での研修に使われていたり、多文化の背景を有する幼児のコミュニケーション指導にも用いられていたりする例が紹介されています。インリアル・アプローチの専門家の1人である畦上恭彦氏の授業[注21]では、脳血管障害に罹った患者さんの作業療法の場面で、インリアルの分析を取り入れたことにより、患者さんと作業療法士のコミュニケーションがうまくいくようになった事例が報告されていました。このように、インリアル・アプローチは、言語発達が遅れた子どもに限らず、様々な人に対して効果が期待される方法だと思います。筆者も、以前、インリアル分析を受けたことがあります。その時、自分では、子どものターンと大人のターンを意識して順番になるように、ことばを返したつもりでしたが、子どもの行動を先読みし過ぎたり、子どもの行動について同時に気づいたことを整理したりしないで、一つのターンで複数を返していたことを指摘されました。これは、子どもにとってはわかりにくいメッセージだっただろうと振り返りました。このように、臨床家のスキルを磨くためにもインリアル分析は有効だと考えています。

　学齢期以降の子どもについても、指導者と子どもの会話の中でのすれ違いをインリアルの分析で検証し、指導に活かすこともできると考えます。さらに、ASDなどの発達障害のある子どもの語用的側面での指導にもっと活かせるのではないかということも考えられてよいはずです。会話を書き起こすことは大変な作業ですが、指導の際の、自分の言動を振り返り、向上させるという意味でも、インリアル・アプローチの考え方や、トランスクリプト[注22]の作成は、必ず役に立つはずだと思います。

---

21）畦上恭彦氏の授業：2008 〜 2014 年まで目白大学保健医療学部「言語発達障害学Ⅲ」にて。
22）トランスクリプト：転写物や記録という意味を示す。言語病理学では、録音されたクライアントの発語を文字に起こして、分析に使うことがある。この文字化されたものはトランスクリプトと呼ばれる。

## インタビュー：保護者からの話を聴く②

　ここで、第1章「5　健診でのことばの相談」の部分に記載しました、健診を経て4歳で自閉スペクトラム症の診断を受けた梅原勝義くんについて、母親の梅原文子さんからお話を伺った内容の続きを紹介します。梅原さんのお話では、診断された後に専門機関につながり、療育の場所を探していたところ筆者が所属していた研究室にたどり着いたそうです。その研究室では語用論的なアプローチを推奨しており、梅原さんもその方法での介入となりました。筆者は既に言語聴覚士として仕事をしていましたが、そこでは博士後期課程の学生として、教育相談に携わっていました。

**宮本**：当時は、勝義くん、よく泣いていたイメージですけど。

**梅原さん**：場所見知りがありました。成田ゆめ牧場とかふなばしアンデルセン公園とか、色々なところで泣いていました。しっかり抱っこして入室してくださいねって宮本先生に言われたので、そのようにして、段々泣かなくなりました。それから、「大学では1時間しか梅原さんとは会えないので、あと帰ってからの24時間はお母さんとお父さんでやっていくんですよ」って。それが印象的です。それにお父さんが本当に一生懸命で、「俺は何をやったらいいんだ……」ってなったときに、「何もしなくていいんです。お父さんはお母さんのサポートです！」って言いきってくれたので、その後、協力をしてくれるようになりました。

　同時にその頃、食事にこだわりがあって大変でした。ふりかけご飯が大好きで、外でご飯を食べる時も、白いご飯にかける、ふりかけを持って行っていました。その他、ポテトだったらOKでした。色々なお店のを買いましたが、ミニストップのが一番好きでした。その後、色々な食べ物を食べられるようになったら場所見知りもおさまっていったようです。

**宮本**：よかったですね。

**梅原さん**：それから、研究室ではインリアル・アプローチを習っていたんですけど、よくほめてもらったのが嬉しかったです。先生方は、学生さんには厳しい部分もあったようですけど、親には本当に優しかったです。おかげ様で、「かっちゃんはいつも笑ってるね」って今でも言われます。サイレンス（静か

にする）っていうのとか、「待つ」っていうのがあったのを覚えています。

**宮本**：インリアルのやり方は、大人は受け身なんですよ。子どもをリードしないのです。リアクティブな関わりっていうのはどうでしたか？

**梅原さん**：今もそのような感じです。私は必要な時だけ、話しかけるようにしています。その後、保育所にも行って、小学校は特別支援学級でしたが、1〜2年生の時の先生がちょっと大変で、宮本先生に学校まで来てもらって校長にも会ってもらいましたよね。

**宮本**：そうでしたね、保育園にもよくおじゃましていました。

**梅原さん**：中学校から、特別支援学校でした。中2くらいから、宮本先生が前にいた大学（言語聴覚士の養成を行っている大学）の授業に行くようになって、学生さんに向けて私が話をしていました。そうすると、親の会のクリスマス会に大学生が来てくれるようになって、コロナが問題となるころまで続いていました。特別支援学校では、すごく充実していたと思います。身辺自立はしっかりやってもらいました。先生たちがとても専門的だったので、さすがだと思っていました。

**宮本**：生活介護事業所[注23)]ではどんな感じですか？

**梅原さん**：毎日元気に通っています。天気予報で雪のマークがでると、「おでかけはお休み？」と何度も聞きます。どっちかわからないのが嫌なので、「明日も雪ならお休みです」というと納得します。

**宮本**：勝義くんはいつもぶれないので、いいな、と思います。

**梅原さん**：それは、自閉のこだわりなんです。家に帰ってきたら、手を洗うなどのルーティンを作っています。こだわりを利用したことは色々とやっています。社会福祉士として働いている次男は、専門的なこともわかるのでしょう、お母さんの指示がよく通っていていいね、と言ってくれます。関わり方については弟の方に相談していて、アドバイスももらっています。事業所の個人面談でも「梅原さんのところは、勝義さんを通していつも家庭が穏やかですね」と言われたりもします。ただ、コロナの時は大変でした。予定の変更がダメなの

---

23）生活介護事業所：常時介護を必要とする障害のある人を対象に、通所することにより主として昼間に入浴や排泄、食事などの介護、調理、洗濯、掃除などの家事、生活などに関する相談、及び、助言や創作的活動、生産活動の機会の提供などを行う事業所を示す。

で、作業所に行きたい、という気持ちを我慢してもらうのが大変でした。でも段々と慣れて大丈夫になりました。前もって独り言を言っていると、予定の変更は大丈夫みたいです。事業所の方の持って行き方が上手なんですよ。うちのカレンダーをよく見ているので、何も言わなくても、今日は何があるかわかっているようです。

**宮本**：今、うまくいっているのは、過去の積み重ねがあったからでしょうか。

**梅原さん**：そうですね。小さい頃から大学に行って、自閉の子はみんな行動療法に行っていましたが、偶然、うちは行動療法の研究室ではない、早坂菊子先生[注24]の研究室にいた宮本先生のところで言語指導を受けていましたけど、今でも、勝義が何か言ったあとに少し間をおいて返すとか、頭ごなしに命令の口調で言わないとか、そういうことは身になっています。次男に対しても同じように育てることができたので、彼にも、言い方は気をつけています。自閉があっても付き合い方がわかるので、今でも次男に、「お母さんとかーくん楽しそうだね〜」って言われます。インリアル・アプローチが私に合っていてよかったです。宮本先生は親指導で、指導を受けられてよかったし、勝義との遊びを担当してくださったＡさんという大学院生の関わり方が本当に素晴らしかったです。

---

　勝義くんは4歳の時に自閉症と診断されました。それは地域の発達センターに行くようになってからのことでした。そして、初めて筆者が行っていた教育相談に来られた時には、まだ音声言語での表出はみられず、ただ泣いていることが多いという印象でした。

　勝義くんは、大学の研究室で、慣れるまでは週1回、徐々に月に1回程度の頻度で言語指導を受けるようになりました。最初は新しい場所に行くことや見知らぬ人と過ごすことに不安を感じて泣いているようでした。プレイルームは遊具が置いてあったのですが、楽しむ余裕もなく、拒否的でした。

　そこで、まずはお母さんと2人でしっかり遊んでもらうことにしました。お

---

24）早坂菊子先生：元筑波大学心身障害学系助教授、広島大学大学院教授。吃音の専門家で、幼児の吃音の類型化と予後予測の研究等、多くの論文がある。

母さんと遊ぶといっても、勝義くんは1人で走り回ったり、好きそうな玩具を探してウロウロしたりしていたのですが、お母さんには、その様子を、まずは静かに見るように指導をしました（インリアル・アプローチのSOULの一つであるSilenceを重視して）。勝義くんがお母さんの方へ走ってきたり、手を持って何か要求する時には応じてもらったりするようにします。このように、子どもに対してリアクティブに関わってもらうようにすると、お母さんの方でも「こうやって待っててあげるといいんですね」というように関わり方のコツがわかってきて、勝義くんとの関係も変わっていったのです。泣いている我が子を心配そうに眺めていたお母さんが、落ち着いて子どもの遊びを観察し、必要な時に手を貸すような形になっていったのでした。

　親子関係にもっとポジティブな変化があったのは、この方法の中にフォーマット遊び[注25]を取り入れたことがきっかけだと思います。この頃、勝義くんは、お母さんと身体を使った遊びをすることを段々と好きになっていたので、その内容をフォーマット遊びに取り入れました。プレイルームでは、大学院生が、「まてまて〜」と声をかけると、勝義くんが逃げるように走り出します。そして、「つかまえたー」と言って勝義くんにタッチした後に、勝義くんの身体を抱っこしながらぐるぐる回る遊びをするのです。何回かぐるぐる回った後で、遊びは終了です。これを最初から、何度か繰り返します。そうすると、勝義くんが、この遊びをもう1回したいと思う時に、笑いながら大学院生の方に近づいてくるようになり、「まてまて〜」の合図でこの遊びが再び始まります。今度は、「もう1回やるよー」ということばのモデルを示した後に、遊びが始まります。「もう1回」の時に、大学院生は人さし指で「1」の形を作るので、勝義くんは、自分も「1」の形を作ったり、「もう1回？」のことばかけにうなずいたりするようになりました。こうして、やりとりが広がっていったときに、お母さんと勝義くんの関係はもっと良くなり、お母さんと身体を使った遊びがもっと広がっていきました。勝義くんはあまり泣かなくなり、お母さんと楽しく遊ぶことができるようになりました。

---

25) フォーマット遊び：始まりと終わりのある簡単な遊びのこと。「イナイイナイバァ」などの習慣化された遊びであり、構造化されておりルールがあることも重要な要素である。

当時、療育施設や大学の教育相談を利用していた勝義くんも、今は20歳を超えており、社会人として、地元の生活介護事業所で働いています。幼い頃に、療育や言語指導を受けたことが後の発達にどういう影響を与えているかを考えるためにお母様にお話をうかがったのですが、梅原さんの話の中で、行動療法よりもインリアルのやり方が勝義くんというよりもお母さん自身に合っていたとお話しされました。何かを子どもにやらせるのではなく、子どもを尊重して待つやり方だったのが、勝義くんにとっても合っていて、おかげさまで、今もそんなに反発することなくて、素直に動いてくれるのではないかというようなことを語ってくださいました。

　お母さんに合っているやり方、ということは、小児の領域ではとても重要な要因だと考えています。実際に梅原さんは子どもとの関わり方がとても上手でした。勝義くんの声かけの仕方は伝えたとおりにやってくれましたし、優しい声で、「はい、どうぞ」って物を渡してくれたり、とてもいいな、と思って見ていました。私が、「大学でのセラピーは1時間で、あとの時間の方が長いので、自分が家でやるってことを意識して、ここで学んで行ってください」と言ったのですが、これはインリアル・アプローチを学んだ先生からの教えでした。言語指導というのは、お母さん指導もかなり大切で、今、目の前にいる子どもとどう関わるかについて教えられないといけない、ということを習いました。この1時間のセラピーに、親子の生活がかかっているくらいの気合いで当時やっていたことが、お母様に伝わっていて嬉しかったです。

　また、梅原さんの例ではインリアル・アプローチを例に挙げていますが、どの方法による介入でなくてはいけないということはないと思います。臨床家は一通りの知識を持つことは教育され、さらに研修などを受けて自分のスキルを磨いていきます。理想は、子どもに合わせてどの技法でも使える、ということですが、得意な技法や苦手な技法はどうしても生じるため、全ての専門家があらゆる技法を同じレベルでマスターしているわけではなく、偏りは生じてしまいます。重要なことは、その子どもや保護者に合った方法を選択できているか、ということではないかと思います。もし、選択できない場合は、できる専門家を紹介することができると最適です。しかし、ことばの教室などではそういうことが難しいと思いますので、自分の得意な方法で最大限の効果が発揮で

第3章　言語発達の問題と指導事例

きるように工夫するべきではないかと思います。

v　伝達場面設定型アプローチ

　大井（1994）は、子どもが喜んで参加し自発的な伝達が頻繁に起きるような
活動を計画的に繰り返し設定する方法一般を「伝達場面設定型アプローチ」と
呼び説明をしています。このアプローチでは、日常の生活日課や遊び、何人か
で行うゲーム、絵本を読むこと、劇遊びなどが題材となり、そこで繰り広げら
れる規則的な展開を再現する形でのやりとりが行われます。この規則的な展開
は「フォーマット」「ルーティン」「スクリプト」と呼ばれ、それぞれ異なる理
論背景を持ちます。

　まず、「フォーマット」は「イナイイナイバァ」の遊びが例にあげられ説明
されます。「イナイイナイバァ」は最初は大人が主導して始まりますが、「バァ」
で顔がでてきたり、ぬいぐるみがでてきたりする様々なバリエーションに拡
がっていくものです。この遊びに最初は子どもが誘導され、次第に子どもの方
が主導するようになり、遊びも拡がる過程に、大人から子どもへのことばの伝
達があり、子どもがことばを学ぶ場の設定であると考えられています。

　次に、「ルーティン」については長崎・吉村・土屋（1991）が「共同ルー
ティン」という用語を用いて説明をしています。長崎・吉村・土屋（1991）
は、グリーン（Greene, 1986）が日常生活の典型的場面における行為の構造
が、言語概念の記憶や理解に深く関連していることを見出したことを紹介しま
した。子どもたちは、日常生活で繰り返し行われる場面を体験することによ
り、そこで繰り広げられる対人関係の中で、言語を学習する基盤になる構造を
学んでいるというのです。例えば、ごはんを食べる、おやつを食べる、お風呂
に入る、お店やさんごっこをするなどの場面が例として想定されます。そこ
で、長崎・吉村・土屋（1991）はダウン症の幼児を対象に「トーストを作って
食べる」という共同ルーティンを設定して、語彙や文法などの言語発達につい
ての検討を行いました。この研究から、「トースト作り」の共同ルーティンの
設定により、ダウン症の幼児は目標となる語彙や二語文節を習得できたことが
報告されました。

　吉井・仲野・長崎（2015）は、ASD のある児童を対象に、おやつと工作の
場面を構造化した共同行為ルーティンによる指導を行った結果について報告し

93

ました。この研究では、上記の共同行為ルーティンによる指導の結果、ASD
の子どもが苦手とする「明確化要請」（相手の発話が十分に理解できなかった
ときに、もう一度行ってもらったり、さらに詳しい情報をもらえたりするよう
に質問する機能）の自発的な表出が可能であったことが報告されました。さら
に、二つの場面を切り替える手続きを行ったことにより、家庭の場面での般化
がみられたことも見出されています。

　最後に、「スクリプト」についてです。「スクリプト」の例としては、料理の
順序に関する知識、乗合バスを利用する知識などが挙げられています（大井,
1994）。例えば、カレーライスを完成させるための、一つ一つの知識、つまり
工程があることを考えてみます。野菜を切る、ご飯を炊く、これらに関する一
つ一つの知識が、カレーライスの最終的な完成を可能にしています。乗合バス
については、切符を買うために券売機を探す、券売機にお金を入れるなどの知
識により、行為が形成されています。このように、いくつかの知識が構造とし
て含まれており、この知識の連鎖により完成する行為の知識が「スクリプト」
として説明されています。

　「フォーマット」「ルーティン」「スクリプト」の3つの用語の違いについ
て、小野里（2010）は、フォーマットが日常的な行為の連続性として時系列的
に展開したときにルーティンとなり、さらにそれが知識＝内的構造となったと
きにスクリプトと呼ばれると説明しています。一方、大井（1994）は、これら
の活動に共通しているのは、日常の生活日課や遊び、複数で行うゲーム、絵本
を読むこと、劇遊びなどを材料として、それらの展開の規則が再構成されてい
る点であると述べています。子どもたちは、始まりと終わりがはっきりしてい
て、次の展開が予測しやすい場面設定の中で、決まりきったやりとりに加え、
新しい表現にも気づき、自分のことばをより洗練させていくことになるのだと
考えられます。大井（1994）は言葉が日常的に繰り返し経験されるコミュニ
ケーションの中で育つことについて、ルーティンとなっている決まりきったや
りとりの中では、子どもが新規なことに注意を向けるリソースが余っているこ
とも指摘しています。これは、ネルソン（Nelson, 1986）が2歳代前半の子ど
もと母親との会話を、食事や着替えなど「慣例化」された場面と、新奇な場面
とで比較した結果、会話の話題は慣例化された場面での方が多様で意味的にも

複雑な内容であったことが明らかにされたそうです。この研究結果は、「慣例化」が言語発達にもたらす利点をよく説明できる根拠になると思われます。一方で、新しい表現を学ぶ際に重要視される「意味的随伴性」が「慣例化」の中でどのように生じるのかについて、議論がなされてきた経緯があります（大井，1994）。「意味的随伴性」は、完全に自由な文脈で生起しやすいことが想像され、「慣例化」された場面では、生起しにくいようにも思われるのです。これらの議論が1990年代に盛んに行われたことが、大井（1994）の論文からも明らかです。小野里（2010）は、1990年から2009年までに、国内の諸学会において発表されたスクリプトによる言語・コミュニケーション指導に関する論文（口頭発表を含む）は、80件以上にのぼっており、日本においても実践的には蓄積があります。ただ、日本では、圧倒的に応用行動分析によるエビデンスの積み重ねが多くなされており、語用論的アプローチの利点がうまく伝わっていないことの懸念もあります。研究としては両者を分けて検証していく必要があるかと思いますが、実践的には、うまく融合されていくものなのかもしれません。

　特に、「伝達場面設定型アプローチ」は応用行動分析で分類される「機会利用型指導」との類似が指摘されます。「機会利用型指導」は、自由遊びなど構造化されていない状況で自然に生じる相互作用の中で、指導者は子どもに特定の伝達技能を使う機会を提供するものです。応用行動分析では、より厳密な手続きを踏み、プロンプト（言語指示）を行うタイミングも綿密にデザインされている部分は再現性が高く、研究的には高く評価されるものが多いのではないかと思います。一方、語用論的アプローチではこの研究デザイン上の曖昧さをどのように補い、実践での効果を説明していくのか、という点で課題があり、今後の展開が期待される方法だと考えます。

## （4）認知・言語促進（NC）プログラム

　NCプログラムは、東京都にある、のぞみ発達クリニックで開発された発達障害児のための指導プログラムです（津田・東，1998）。6か月から6才までの様々なタイプの子どもに使用できます。子どもの発達の6領域（視覚操作、言語、記銘、文字、数、運動）を評価し、その評価結果に基づいて課題を選定

します。一つ一つの活動は、課題優先的なものとされますが、ままごと、手遊び歌、絵本などを使い、楽しんで行えるように遊びの要素を取り入れており、子どもの主導権が強いやりとりの中で目標とする行動を経験させる方法を用います。このような方法を交渉優先型といい、課題優先型とは対照的な方法として紹介されています。課題優先型の方法のデメリットはS-S法のところで述べたとおりですが、交渉優先型の方は、子どもが意欲的に目的行動を達成する一方で、デメリットとして指導者のどの働きかけが、子どもの目的達成に効いたのかという点は不明確なままであるという点があります。

## (5) 太田ステージによる自閉症認知プログラム

この方法は、ASDのある子どもを指導するために開発されました（太田・永井，1992；太田・永井・武藤，2015）。ASDの行動の障害の背景に認知・情緒の障害があることに注目し、彼らの認知特徴に基づく指導をしていこうとするものです。ピアジェの発達理論に沿って、ステージはⅠ，Ⅱ，Ⅲ-1，Ⅲ-2，Ⅳ，Ⅴの6段階に分けられ、それぞれの認知発達段階により、具体的な指導内容が示されています（佐藤，1997）。

### 引用文献

American Psychiatric Association. (2022). *Diagnostic and statistical manual of mental disorders* (5th ed. - text rev.). American Psychiatric Publishing. (アメリカ精神医学会 (2023). DSM-5-TR 精神疾患の診断・統計マニュアル. 医学書院)

Baron-Cohen, S., Tager-Flusberg, H., & Cohen, D. J. (Eds.). (1994). *Understanding other minds: Perspectives from autism.* Oxford University Press. (バロン－コーエン，S., ターガー－フラスバーグ，H. コーエン，D. J. 田原俊司(監訳) 小林真・三隅輝美子・矢部富美枝(訳) (1997). 心の理論：自閉症の視点から(上) (下). 八千代出版)

Brown, R. (1968). The development of wh questions in child speech. *Journal of Verbal Learning and Verbal Behavior,* 7(2), 279-290.

Bruner, J. S. (1974). From communication to language: A psychological perspective. *Cognition,* 3(3), 255-287.

Camarata, S. M., & Gibson, T. (1999). Pragmatic language deficits in attention‐deficit hyperactivity disorder (ADHD). *Mental Retardation and Developmental Disabilities Research Reviews*, 5(3), 207-214.

Curcio, F. (1978). Sensorimotor functioning and communication in mute autistic children. *Journal of Autism and Childhood Schizophrenia*, 8(3), 281-292.

藤上実紀・大伴潔 (2009). 自閉症児の獲得語彙に関する研究：知的障害児との比較による検討. 東京学芸大学紀要. 総合教育科学系, 60, 487-498.

Greene, J. (1986). *Language understanding: A cognitive approach*. Open University Press.

Grice, H. P. (1975). Logic and conversation. In P. Cole, & J. L. Morgan. (Eds.), *Syntax and Semantics* (pp. 41-58). Academic Press.

池田由紀江(2010). 第1章 ダウン症とは 池田由紀江・菅野敦・橋本創一(編著) 新ダウン症児のことばを育てる 生活と遊びのなかで(pp. 10-25). 福村出版.

石田宏代 (2010). 第4章 2 知的障害. 玉井ふみ・深浦順一 (編). 標準言語聴覚障害学 言語発達障害学 (pp. 122-148). 医学書院.

伊藤恵子・田中真理 (2006). 指示詞コ・ソ・アの理解からみた自閉症児の語用論的機能の特徴. 発達心理学研究, 17(1), 73-83.

Kim, O. H., & Kaiser, A. P.(2000). Language characteristics of children with ADHD. *Communication disorders quarterly*, 21(3), 154-165.

小寺富子・倉井成子・佐竹恒夫(1998). 国リハ式〈S-S法〉言語発達遅滞検査マニュアル (改訂第4版). エスコアール.

小島道生 (2017). 知的障害の心理とその支援. 柿澤敏文(編) 障害者心理学(pp. 59-65). 北大路書房.

Loveland, K. A., & Landry, S. H. (1986). Joint attention and language in autism and developmental language delay. *Journal of autism and developmental disorders*, 16(3), 335-349.

McGrath, L. M., Hutaff-Lee, C., Scott, A., Boada, R., Shriberg, L. D., & Pennington, B. F. (2008). Children with comorbid speech sound disorder and specific language impairment are at increased risk for attention-deficit/hyperactivity disorder. *Journal of Abnormal Child Psychology*, 36(2), 151-163.

Mervis, C. B., & Velleman, S. L. (2011). Children with Williams syndrome: Language, cognitive, and behavioral characteristics and their implications for intervention. *Perspectives on Language Learning and Education*, 18(3), 98-107.

宮尾益知 (2000). 自分をコントロールできないこどもたち：注意欠陥／多動性障害 (ADHD) とは何か. 講談社.

宮尾益知 (2007). 第Ⅲ章 医学的観点からの発達障害. 宮尾益知 (編) ADHD・LD・高機能PDD のみかたと対応 (pp. 25-128), 医学書院.

溝江唯・大伴潔(2022)．自閉スペクトラム症幼児の「お話し作り課題」における発話特徴：定型発達児との比較による縦断的検討．音声言語医学, 63(2), 123-131.

Mundy, P., Sigman, M., & Kasari, C. (1990). A longitudinal study of joint attention and language development in autistic children. *Journal of Autism and Developmental Disorders*, 20(1), 115-128.

長崎勤・吉村由紀子・土屋恵美 (1991)．ダウン症幼児に対する共同行為ルーティンによる言語指導：「トースト作り」ルーティンでの語彙・構文, コミュニケーション指導．特殊教育学研究, 28(4), 15-24.

中川琴絵・松本（島守）幸代・伊藤友彦 (2013)．知的障害を伴う自閉症児・者における能動文と受動文の統語知識：典型発達児との比較．音声言語医学, 54(1), 20-25.

中田洋二郎 (2018)．発達障害のある子と家族の支援：問題解決のために支援者と家族が知っておきたいこと．Gakken.

夏目知奈・廣田栄子(2017)．自閉症スペクトラム児のフィクショナルナラティブにおける発話特徴．音声言語医学, 58(2), 159-170.

Nelson, K. (1986). *Event knowledge: Structure and function in development*. Lawrence Erlbaum Associates.

太田昌孝・永井洋子(編著) (1992)．自閉症治療の到達点．日本文化科学社.

太田昌孝・永井洋子・武藤直子 (2015)．自閉症治療の到達点．日本文化科学社.

大井学 (1994)．子供の言語指導における自然な方法：相互作用アプローチと伝達場面設定型指導, および環境言語指導．聴能言語学研究, 11(1), 1-15.

大井学・大井佳子 (2004)．子どもと話す：心が出会う INREAL の会話支援．ナカニシヤ出版.

大石敬子 (1994)．学習障害における言語の問題．聴能言語学研究, 11(2), 57-63.

大石敬子 (2001)．第3章　学童期の言語発達と評価．大石敬子(編)入門コースことばの発達と障害3　ことばの障害の評価と指導．大修館書店.

小野里美帆 (2010)．言語・コミュニケーション発達における「スクリプト」の役割再考．教育学部紀要, 44, 167-175.

大原重洋・鈴木朋美(2004)．自閉症児における疑問詞構文への応答能力の発達過程：国リハ式〈S-S法〉言語発達遅滞検査との関連．コミュニケーション障害学, 21(1), 15-22.

斉藤佐和子 (2008)．第5章支援「障害別の指導・支援」1知的障害．石田宏代・石坂郁代 (編) 言語聴覚士のための言語発達障害学 (pp. 156-166)．医歯薬出版.

斉藤佐和子 (2010)．広汎性発達障害．石田宏代・大石敬子 (編) 言語聴覚士のための言語発達障害学 (pp. 167-182)．医歯薬出版.

榊原洋一・佐藤暁 (著) 日本版 PRIM 作成委員会 (編) (2014)．発達障害のある子のサポートブック：保育・教育の現場から寄せられた学習困難・不適切行動への

すぐできる対応策 2800. 学研.

三盃亜美 (2018). 第 12 章 学習障害の理解と教育. 吉田武男 (監修) 小林秀之・米田宏樹・安藤隆男 (編著) 特別支援教育：共生社会の実現に向けて. ミネルヴァ書房.

Sandbank, M., Woynaroski, T., Watson, L. R., Gardner, E., Keçeli Kaysili, B., & Yoder, P. (2017). Predicting intentional communication in preverbal preschoolers with autism spectrum disorder. *Journal of autism and developmental disorders, 47*(6), 1581-1594.

佐野基雄・宮崎光明・加藤永歳・酒井美江・井上雅彦 (2008). 自閉症生徒における授与動詞を用いた文章の助詞理解指導. 発達心理臨床研究, 14, 119-130.

佐藤寛之 (1997). 11 章 知的機能の発達. 新井邦二郎 (編著) 図でわかる発達心理学 (pp. 131-135). 福村出版.

佐藤裕子 (2007). 第Ⅵ章 言語障害としての発達障害. 宮尾益知 (編) ADHD・LD・高機能 PDD のみかたと対応 (pp. 198-266). 医学書院.

Sciberras, E., Mueller, K. L., Efron, D., Bisset, M., Anderson, V., Schilpzand, E. J., ... & Nicholson, J. M. (2014). Language problems in children with ADHD: A community-based study. *Pediatrics, 133*(5), 793-800.

Selikowitz, M. (1995). *All about A.D.D.: Understanding attention deficit disorder.* Oxford University Press. (マーク・セリコウィッツ. 中根晃・山田佐登留 (訳) (2000). ADHD の子どもたち. 金剛出版)

重森知奈・廣田栄子. (2021). 自閉症スペクトラム障害児におけるナラティブ発話の内容分析. 音声言語医学, 62(3), 195-204.

Snow, C. E., Perlmann, R., & Nathan, D. (1987). Why routines are different: Toward a multiple-factors model of the relation between input and language acquisition. In K. Nelson, A. van Kleeck.(Eds.), *Children's language Volume 6* (pp. 65-97). Psychology Press.

Tager-Flusberg, H., & Kasari, C. (2013). Minimally verbal school-aged children with autism spectrum disorder: The neglected end of the spectrum. *Autism research, 6*(6), 468-478.

武田篤・及川絵美子・村井盛子 (2001). 特異的言語発達遅滞の予後決定因子に関する研究：特に発語遅滞群と言語理解遅滞群における予後の差異. 音声言語医学, 42(4), 311-319.

竹田契一・里見恵子 (1994). インリアル・アプローチ：子どもとの豊かなコミュニケーションを築く. 日本文化科学社.

竹内吉和 (2012). 発達障害と向き合う. 幻冬舎.

玉井邦夫 (監修) (2007). ふしぎだね⁉ ダウン症のおともだち. ミネルヴァ書房.

田中裕美子・遠藤俊介・金屋麻衣 (2023). レイトトーカーの理解と支援：ことばの

遅れがある子ども．学苑社．

高橋甲介・野呂文行（2005）．自閉症児における授与動詞獲得の検討：高次条件性弁別による分析と分化結果手続きを用いて．心身障害学研究，29，181-188．

津田望・東敦子（監修）（1998）．認知・言語促進プログラム（3）指導プログラム．コレール社．

辻井正次（2000）．学習障害の歴史と動向．齋藤久子（監修），石川道子・杉山登志郎・辻井正次（編著）学習障害：発達的・精神医学的・教育的アプローチ．（pp. 1-29）ブレーン出版．

上野一彦・名越斉子・小貫悟（2008）．PVT-R 絵画語い発達検査手引．日本文化科学社．

綿巻徹・西野知子（1997）．平均発話長の伸びと助詞の発達．日本教育心理学会総会発表論文集第 39 回総会発表論文集（p. 25）．

吉井勘人・仲野真史・長崎勤．（2015）．自閉症児に対する会話の修復機能としての明確化要求の発達支援：明確化要求の表出タイプの出現順序，共同行為ルーティンの役割，明確化要求の表出と欲求意図理解との機能連関に焦点を当てて．特殊教育学研究，53(1)，1-13．

Yule, G.（1985）．*The study of Language*. Cambridge University Press.（ジョージ・ユール．今井邦彦・中島平三（訳）（1987）．現代言語学 20 章：ことばの科学．大修館書店）

# 第4章

# 言語障害と他の障害の併存について

## ① 構音障害

　構音障害の原因はまだ明確ではありませんが、少なくとも構音だけの問題ではないことがわかっています。音韻障害をもつ子どもの中に、音韻意識の弱さをもち、読み障害のリスクが高い一群があることが報告されています（原, 2003）。また、今井（2010）は、英語圏では「構音障害」と呼ばれることが少なくなっていることを紹介しました。発音の誤りには、構音実行レベルの問題だけではなく、音素体系の未確立を反映しているものが含まれるといいます。したがって、「構音と音韻の障害」と呼ばれることが多いそうです。このことを拡大して考えると、構音障害は、音韻の問題がかかわる読み障害と併存しやすいことが想像されます。具体的に併存率などは明らかにされていませんが、両者の関連については症例検討がなされています（浦・田中, 2008；中山・大森・飯干・笠井, 2011）。

　構音障害と発達障害を併存する児童の場合、アセスメントの内容は概ね通常の児童と同様ですが、特に、注意と記憶の評価から得られる情報は、指導の際に役立つようです（石田, 2012）。発達障害の中には注意・集中が困難な児童が含まれていますが、構音障害の指導には、指導者の口の動きをよく見て真似をするスキルが要求されます。そのためにどれくらい注意・集中できるかという情報が必要になります。石田（2012）は発達障害のある児童への構音指導に、ろう教育で使用される「キュードスピーチ」を用いた工夫を行いました。

101

キュードスピーチはサインを利用して、音の違いを意識させることができるため、聴覚入力だけでは難しい子どもに対して、視覚入力も用いたアプローチができるという点で有効です。発達障害のある児童の中には、聴力は正常ですが、発話が不明瞭であるという子どもがよくみられます。そういった子どもは、音の細かい聞き分けや、短期的に記憶しておくことが苦手な場合があります。そのような子どもにキュードスピーチを用いることで、音の区別や表出を促す際に、サインが補助的な役割を果たすのではないかと考えられています。このように、発達障害のある子どもの構音指導を行う際には、アセスメントを行う際に、どのような補助手段を追加すれば、構音指導がうまくいきそうか、ということを想定しながら評価できると、効果的な指導介入につながるように思われます。

## 2　吃音

　吃音とADHD・ADDの関連性については、いくつかの研究があります。アルムとリスバーグ（Alm & Risberg, 2007）の研究では、吃音の成人において、小児期のADHDのスコアが高いグループが存在していることを明らかにしました。その他、吃音がADHDと混合している割合は4％（Arndt & Healey, 2001）、6％（Blood, Ridenour, Qualls, & Hammer, 2003）、10-20％（Conture, 2001）、26％（Riley & Riley, 2000）、という報告があります。日本で実施した調査では、学齢期の吃音のある児童のうち、約13.3％にADHDが疑われるという結果を得ています（Miyamoto, Kobayashi, Sakai, Iimura, & Tsuge, 2022）。大規模なデータベースから、吃音のリスクファクターの一つとして「落ち着きのなさ」を同定した研究（Ajdacic-Gross, Killias, Hepp, Haymoz, Bopp, Gutzwiller, & Rössler, 2010）、子どもを対象とした研究で、吃音と衝動性の関連性を指摘したものもあります（Blood, Blood, Maloney, Weaver, & Shaffer, 2007）。通常の吃音ではポーズの症状は無音区間であり、音声が生じることはないのですが、ADHDを重複する吃音症状の特徴として、「音声のあるポーズ」がみられることもわかっています（Engelhardt, Corley, Nigg, & Ferreira, 2010）。その他、吃音の中核症状では、繰り返しの単位は音、音節などの小さい単位のものが主ですが、ADHDのある人には「語やフレーズの繰

第4章 言語障害と他の障害の併存について

り返し」が生じることも示されています（Engelhardt et al., 2010）。このように繰り返しの単位が大きくなるということは、構音運動の事情で開始できないのではなく、言語的な誤りを修正するような形で現れる言い直しに近い症状だと考えられます。実際に、「発語を途中で止めて最初から言い直す」という症状も ADHD の子どもには多くみられます。このように、一般的な吃音の子どもと異なるタイプの非流暢性が生じるのはなぜでしょうか。これについては以下の説明がなされています。一つは、一般的な話者は、頭の中で作ったスピーチプランの正誤を判断し、間違っている場合は抑制するということが想定されます。しかし、ADHD の子どもは、誤ったスピーチプランが実行されるのを抑制していないために「言い直し」が増えるのではないか、というのです。そもそも、正誤の判断をする前の段階で話し始めている、とも言えるかもしれません。つまり、話し始めが衝動的なので、話した後に随時修正するようなスタイルの話し方になっており、これが「単位の大きい語や句の繰り返し」が生じる理由となっていることが研究から仮定されています。一般的には、誤ったところは音声言語化されない可能性もあり、全て口に出してしまっているということで、抑制されるべき箇所が選択されていないことになるかと思います。

　上記のように、ADHD のある子どもの吃音についてはいくつか通常の吃音と異なる点がありますが、最も注意しなくてはならないのは、指導期間が、ADHD のない吃音と比べて、2～3倍かかることがわかっている点です。これについては、中止・集中が難しいため、予定していた課題ができない状況が積み重なることが問題視されています。したがって、ADHD を併存する場合は、あらかじめ保護者に、指導効果が上がる時期が、吃音だけの場合よりも遅くなることを知らせておく必要があります。本人にとっては長丁場になると、指導内容に飽きてきたり、練習する動機を保つことが難しくなったりする場合もあるかと思われます。1回の指導時間を短くし、課題を凝縮して行うなどの工夫や、長期的な指導が必要な場合は、期間を区切って、その都度、目標を確認し合うなどしながら、指導を続ける動機を維持する工夫も必要であると考えます。

　また、上記に述べたように、吃音と ADHD の関係は深く、吃音のある子どもに ADHD の診断がない場合でも ADHD 傾向がみられる場合が多いと予想

103

されます。あるいは、そういった子どもを指導の中で見つける場合もあり、保護者に伝えることもあるかと思います。そのためにも、言語障害の指導者にはADHD の定義や診断基準、アセスメント法などの知識が必要で、言語障害の範疇ではないから対応しない、というわけにはいかないように思われます。

　吃音と ASD の重複についての報告も数多くあります（Miyamoto & Tsuge, 2021; Tetnowski & Donaher, 2022）。ASD のある子どもの非流暢性については、通常はあまりみられない、「語末音の繰り返し・引き伸ばし」が生じやすいことが特徴です。この語末音での症状は、次の文節や句、文を考えている段階で生じるのではないかといわれています（例：それで、で、で、で、つぎに行ったのは遊園地でー、でー、でー）。あるいは、通常は語頭に症状が現れるはずが、ASD の場合は「単語内の途切れ」がみられることもあるといわれます。この症状も言語学的な背景が仮定されています。「単語内の途切れ」の場合は、単語を一息に話すためのプログラミングがうまく行っていない可能性があり、ASD の場合は、潜在的な言語の問題が非流暢性につながっていることが想定されます。知能が高い ASD の場合は、言語に問題がないという認識がなされていますが、言語検査では標準値を取る ASD のある者も、潜在的な言語の問題を有している可能性があるといいます。ASD の言語（Laguage）の問題と流暢性（fluency）の問題の関連性についてはまだ明確になっていないことが多いですが、研究は発展途上で今後に期待されます。

## ③　言語発達の遅れ

　DSM-5-TR（American Psychiatric Association, 2022）では、日本の構音障害に相当する障害を speech sound disorder（SSD, 語音症）と表記しています（今富，2021）。この SSD の定義においては、聴覚障害と神経的障害（知的障害や発達障害など）がみられないこと、音韻障害と構音障害の二つの概念を含んでいることが説明されています。日本では、構音障害に音韻障害が含まれるかという点では議論があるかと思いますが、国際的な基準では、両方が含まれている障害だと説明されています。

　この SSD があると、構音障害と同じで発音に誤りがあったり、発話された音声が不明瞭であったりします。SSD は単独でも生じますが、他のさまざ

な障害と同時に起こることも知られています。例えば、SSD の中で読み障害を併存する割合は 25-30 ％であると報告されています（Scarborough, 1990 ; Gallagher et al., 2000 ; Pennington & Lefly, 2001）。SSD と ADHD の併存についても同様の割合が報告されています。SSD、読み障害、ADHD については分子遺伝学的な解析においても、同じ 6 番染色体（6p 22）が関与していることがわかっており、相互に関連が深いとされています。これらの三つの障害は、さらに特異的言語障害（SLI）とも何らかの関連性があると考えられています。

 **クラタリングの可能性を疑う**

### （1）クラタリングとは

　クラタリング（cluttering）は、「早口言語症」とも呼ばれることばの障害です。吃音と似ていますが、鑑別することが必要な障害です。多くは吃音が主訴で訪れる児童の中に混在していますが、稀に構音障害のある子どもの中に存在することもあります。あるいは、発達障害のある子どもの中に、クラタリング症状がみられる場合も報告されています（宮本，2019）。

　クラタリングは、もともと東ヨーロッパやロシアで盛んに研究されていました。特に二つの世界大戦が行われた 1900 年代の初頭の医学はドイツの周辺の国が中心でした。英語で初めてクラタリングの本を執筆したデソ・ワイス（Weiss, 1964）はオーストリア人の医師で、当時のクラタリングは、医師が好んで取り上げたテーマでした。音声言語障害学は負傷した兵士の脳を解剖することによる発展が大きかったと思われますが、クラタリングもその一つの研究対象とされていたことがわかっています。しかし、クラタリングに関してはあまり多くのことが明らかにされないまま、アメリカの言語病理学が台頭する時代を迎えることになりました。その後も吃音の下位分類として扱われたりしていましたが、1996 年に Journal of Fluency Disorder という学術誌でクラタリングの特集が組まれたことを契機に、クラタリングへの関心が再び喚起されました。そこから勢いづいて、国際クラタリング学会（International Cluttering Association：ICA）が 2007 年に設立され、多くの国の言語聴覚士がクラタリングの研究、実践報告を行うようになりました。しかし、国や地域により，ク

ラタリングへの認識，臨床に関する知識等についての現状は大きく異なること
が報告されているところです（Reichel, Bakker, & Myers, 2010）。

　筆者が2014年に関東地方の小学校内にある言語障害通級指導教室を対象
に、クラタリングのある児童への指導の状況を調査したところ、130名の教員
のうち、クラタリングのある児童に指導介入をした経験があると回答した者は
12名（9.2 %）でした。また、クラタリングのある児童に遭っておらず指導経
験もない者が65名（50.0 %）、クラタリングのある児童に遭ったことがある
が、指導介入はしていないという者が53名（40.8 %）でした。この結果か
ら、ことばの教室の教員の半数は、クラタリングの児童がいても、気づかない
のではないかと推測されました。半数の教員は、クラタリングかもしれないと
気づいてはいるようですが、多くは、指導介入ができていない状況であること
もわかりました。この結果は、他の先進的な国と比較すると遅れていました。
諸外国の共同研究者らは、経済的に発展している日本において、クラタリング
の指導が広まっていないことを疑問視していました。

　その時から約10年間のあいだ、特に、東京都内ではクラタリングへの関心
は高くなったことを実感しています。そのきっかけとしては、東京都公立学校
難聴・言語教育研究協議会江南ブロック研究会の先生方が、2016年から2年
間にわたって言語障害の研究テーマとしてクラタリングを取り上げたことがあ
ります。その後、北区立王子小学校・赤羽小学校・八幡小学校で構成される都
難言協城北ブロック研究会でも取り上げていただきました。八幡小学校ことば
の教室では、「吃音を主訴に通級している児童の中にクラタリングと思われる
事例があった（東京都北区立八幡小学校ことばの教室，2020）。」ことをきっか
けに、2年間の事例研究が行われました。

　それ以降も東京都内ではクラタリングに関する講演は頻繁に行われていま
す。筆者が令和6年までに東京都内以外でクラタリングをテーマとした講演に
呼ばれたことがあるのは、茨城県、千葉県、神奈川県、広島県、福岡県になり
ます。少しずつですが、吃音を評価する際には必ずクラタリングの可能性も想
定していただけるようになったのではないかと思います。

第4章　言語障害と他の障害の併存について

## （2）クラタリングと吃音の違い

　クラタリングの子どもは多くの場合、吃音を主訴として相談におとずれます。なぜなら、クラタリングにおいても語頭の繰り返しがみられるため、そこが共通しているので、紛らわしいのだと思います。しかし、クラタリングのある人の話を聴いていると、どこか、いわゆる純粋な吃音の人とは話し方が違っていることに気づくでしょう。それは、例えば、クラタリングのある人は急いでいるように早く話していたり、繰り返したりしている吃音のような症状に緊張が入らず、軽く繰り返しているような部分が該当します。吃音の人の場合は、始めのことばが出づらい場合に難発の症状があったり、苦しそうにしてなかなか出てこなかったりすることがありますが、クラタリングの人にはそういったことはありません。ことばを産む苦しみという点では、吃音のある人のように声が出ない、というよりは、次のことばを組み立てるのに苦慮して次の単語が出ない、という感じではないかと思います。表12にはクラタリングと吃音の主な相違点と類似点を掲載しています。まず、クラタリングの場合は自分の症状を自覚できない、ということが第一にありますので、発話に注意を向けるとパフォーマンスがよくなることが知られています。一方、吃音の場合は、発話に注意を向けると余計に力が入って第一声を出すことが難しくなってしまいます。このような究極的な相違点があるので、同じ障害として捉え、指導内容も同じようにする、というのでは子どもの発話に効果が出にくいと考え

表12　クラタリングと吃音の相違点・類似点

|  | クラタリング | 吃音（スタタリング） |
|---|---|---|
| 注意を向けると発話は | 改善 | 悪化 |
| リラックスすると発話は | 悪化 | 改善 |
| 症状の自覚 | ほとんどなし | ほとんどあり |
| 発話の恐れ | なし | あり得る |
| コミュニケーションへの恐れ | ありえる | あり |
| 知っている文章の音読は | 比較的悪い | 音への恐れがあると悪い |
| 知らない文章の音読は | 比較的良い | 比較的悪い |
| 語構造のエラー | ありえる | なし |

## 表13　日本語版クラタリングチェックリスト ver. 3

| 注）日本語版クラタリングチェックリスト ver. 3 は、以下の文献を参考に作成したものである<br>Miyamoto, S. (2018). Development of Japanese checklist for possible cluttering ver. 2 to differentiate cluttering from stuttering. Journal of Special Education Research, 6(2), 71-80. | 全くあてはまらない | あてはまる | かなりあてはまる |
|---|---|---|---|
| 発話 | | | |
| 1　発話速度が速い | 0 | 1 | 2 |
| 2　発話の抑揚が乏しい | 0 | 1 | 2 |
| 3　話している時の息つぎの箇所が不自然である | 0 | 1 | 2 |
| 4　非流暢性症状が出始めたのは、始語がみられたすぐ後である | 0 | 1 | 2 |
| 5　音や音節の省略があり、発話が不明瞭である | 0 | 1 | 2 |
| 言語 | | | |
| 6　言いたいことがあるのに次の言葉がスムーズに出せず、間が空いたり、「えっと」「だから」「あの」などが挿入される、あるいは頻繁に言い直したりする | 0 | 1 | 2 |
| 7　言葉の想起が出来ないために、最初の言葉を発する時に、構音の構えをしたまま止まることがある | 0 | 1 | 2 |
| 8　言語構造に誤りがみられる。文法、構文の能力が低い | 0 | 1 | 2 |
| 9　順序立てて話すことが難しい | 0 | 1 | 2 |
| 10　頭の中でまとまる前に話している | 0 | 1 | 2 |
| 注意欠如・衝動性 | | | |
| 11　注意散漫で集中力が乏しい | 0 | 1 | 2 |
| 12　外向的な子供で発話意欲が高く、衝動的におしゃべりをする | 0 | 1 | 2 |
| 13　指示に従うことが苦手で、人の話をよく聞かない | 0 | 1 | 2 |
| 14　短気、衝動的で癇癪をおこしやすい、あるいは不注意でだらしない | 0 | 1 | 2 |
| 15　課題場面など統制された場面では非流暢性がみられない | 0 | 1 | 2 |
| 16　作文に、文字や語の省略がある。語内で文字が入れ替わったりする | 0 | 1 | 2 |
| 運動・発達 | | | |
| 17　運動的な不器用さや協調運動能力の乏しさがある | 0 | 1 | 2 |
| 18　読みづらい文字、形が崩れた字を書く | 0 | 1 | 2 |
| 19　利き手の確立が遅れる。左右の認識に混乱がみられる | 0 | 1 | 2 |
| 20　実年齢に比べて身体的に、性格的に幼く見える | 0 | 1 | 2 |
| 合計得点15点以上でクラタリングが疑われる | 合計 | | |

第4章　言語障害と他の障害の併存について

ます。二つの障害は別のものであり、見分ける目を持つことが重要となります。筆者は吃音からクラタリングを鑑別するためのチェックリストを作成しておりますが、日本語版としては初公開である最新版の ver.3 を表13に掲載しました。こちらは、教員や言語障害の指導者がつけるもので、合計点が15点を上回るとクラタリングの可能性が高い、という判断ができますので、最初のスクリーニングとしてお使いいただけると思います。

　紙面の都合もあり、本書でのクラタリングの説明は以上となります。さらに詳しいことを知りたい方は、拙著『クラタリング：特徴・診断・治療の最新知見』（学苑社）をご覧ください。

## 引用文献

Ajdacic-Gross, V., Killias, M., Hepp, U., Haymoz, S., Bopp, M., Gutzwiller, F., & Rössler, W. (2010). Firearm suicides and availability of firearms: The Swiss experience. *European Psychiatry*, 25(7), 432-434.

Alm, P. A., & Risberg, J. (2007). Stuttering in adults: The acoustic startle response, temperamental traits, and biological factors. *Journal of Communication Disorders*, 40(1), 1-41.

American Psychiatric Association. (2022). *Diagnostic and statistical manual of mental disorders* (5th ed. - text rev.). American Psychiatric Publishing. (アメリカ精神医学会 (2023). DSM-5-TR 精神疾患の診断・統計マニュアル. 医学書院)

Arndt, J., & Healey, E. C. (2001). Concomitant disorders in school-age children who stutter. *Language, Speech, and Hearing Services in Schools*, 32(2), 68-78.

Blood, G. W., Blood, I. M., Maloney, K., Weaver, A. V., & Shaffer, B. (2007). Exploratory study of children who stutter and those who do not stutter on a visual attention test. *Communication Disorders Quarterly*, 28(3), 145-153.

Blood, G. W., Ridenour Jr, V. J., Qualls, C. D., & Hammer, C. S. (2003). Co-occurring disorders in children who stutter. *Journal of Communication Disorders*, 36(6), 427-448.

Engelhardt, P. E., Corley, M., Nigg, J. T., & Ferreira, F. (2010). The role of inhibition in the production of disfluencies. *Memory & Cognition*, 38(5), 617-628.

Conture, E. G. (2001). *Stuttering: Its nature, diagnosis, and treatment.* Allyn &

Bacon.

Gallagher, A., Frith, U., & Snowling, M. J. (2000). Precursors of literacy delay among children at genetic risk of dyslexia. *The Journal of Child Psychology and Psychiatry and Allied Disciplines,* 41(2), 203-213.

原恵子 (2003). 子どもの音韻障害と音韻意識. コミュニケーション障害学, 20(2), 98-102.

今井智子 (2010). 小児の構音障害. 音声言語医学, 51, 258-260.

今富摂子 (2021). 第3章 発話障害 (構音障害と発語失行) 1. 発話障害の概念と分類 B小児の発話障害の原因と分類. 城本修・原由紀 (編). 標準言語聴覚障害学 発声発語障害学第3版 (pp. 130-136). 医学書院.

石田宏代 (2012). Ⅶ発達障害を伴う構音障害児の評価と指導. 加藤正子・竹下圭子・大伴潔 (編著). 特別支援教育における構音障害のある子どもの理解と支援 (pp. 206-224). 学苑社.

宮本昌子 (2019). クラタリング・スタタリングを呈する児童の発話特徴：構音速度と非流暢性頻度の測定. 音声言語医学, 60(1), 30-42.

Miyamoto, S., Kobayashi, H., Sakai, N., Iimura, D., & Tsuge, M. (2022). Estimating the prevalence of specific learning disorder, attention-deficit/hyperactivity disorder, and autism spectrum disorder in Japanese school-age children who stutter. *Perspectives of the ASHA Special Interest Groups,* 7(3), 947-958.

Miyamoto, S., & Tsuge, M. (2021). Treating stuttering in children with autism spectrum disorder. In Y. Kats, F. Stasolla, *Education and technology support for children and young adults with ASD and learning disabilities* (pp. 208-222). IGI Global.

中山翼・大森史隆・飯干紀代子・笠井新一郎 (2011). 構音障害を主訴に来学した発達性読み書き障害児の1例. 九州保健福祉大学研究紀要, 12, 141-148.

Pennington, B. F., & Lefly, D. L. (2001). Early reading development in children at family risk for dyslexia. *Child Development,* 72(3), 816-833.

Reichel, I., Bakker, K., & Myers, F. (2010). The worldwide panorama of cluttering: Non-Western countries. *In the first online cluttering conference-it's about time: To recognize cluttering.*

Riley, J., & Riley, J. G. (2000). A revised component model for diagnosing and treating children who stutter. *Contemporary Issues in Communication Science and Disorders,* 27 (Fall), 188-199.

Scarborough, H. S. (1990). Very early language deficits in dyslexic children. *Child development,* 61(6), 1728-1743.

Tetnowski, J. A., & Donaher, J. (2022). Stuttering and Autism Spectrum Disorders: Assessment and Treatment. *In Seminars in Speech and Language,* 43(2), 117-

129.

東京都北区立八幡小学校ことばの教室（2020）．クラタリング（早口言語症）のある
　　児童への指導．令和2年度ことば・きこえの教室紀要（pp. 55-83）．東京都北区
　　教育委員会　王子小学校　赤羽小学校　八幡小学校.

浦由希子・田中裕美子（2008）．機能性構音障害と読み書き障害との関連について．
　　国際医療福祉大学紀要，12(2)，35-41.

Weiss, D. A.（1964）. *Cluttering*. Prentice-Hall.

第**5**章

# 場 面 緘 黙 と は

## ① 基礎的な知識

　場面緘黙（selective mutism）は、他の状況では話すことができるが話すことが期待されている特定の社会状況（例えば学校）において，話すことが一貫してできない状態であるとされています。さらに、このような状態が，少なくとも一か月以上続いている状態です（American Psychiatric Association, 2022）。「選択性緘黙」という訳は「話さないことを自ら選んでいる」という誤解を受ける可能性があるため、ICD-11 の日本語訳については「場面緘黙」が用いられることが提案され、正式な和訳として公開される予定となっています。

　この疾患によって、子どもは、学業上の成績または社会的な交流の機会を持つことを著しく阻害されています。話すことができないのは、その子どもが過ごす社会的状況において必要とされている言語を学習できず、うまく話せないという理由からではありません。また、他の疾患（精神疾患など）の影響で話ができないというものとも区別されます。

　場面緘黙は言語障害に分類されるのではないかと思われがちですが、実際には「不安症」の一つです。発症の要因としては、遺伝要因が大きく、家族に社会恐怖や場面緘黙の既往がある場合が 70 ％であるといわれます（Black & Uhde, 1995）。母親が内気、恥ずかしがり屋である、社交不安が高い場合が 38.9 ％と報告されます（Kristensen & Torgersen, 2001）。幼稚園などで何ら

113

かのトラウマ的な出来事があって場面緘黙になるのではないかと考える人もいるかと思いますが、そういった傾向は少なく、特に一般的な人と比較して、場面緘黙のある人にトラウマ体験があるということではないようです。多くの研究者が、原因は単一でなく、多要因であることを指摘しています。また、場面緘黙は行動抑制的な気質の子どもが発達段階で示しやすい症状であることもわかっています。これらのことをまとめると、場面緘黙は、何らかの神経学的な要因に抑制的な気質が重なり、環境からの負荷がかかった時に発症しやすいのではないかといえます。

　現在、臨床や研究でよく使われる評価法として、Selective Mutism Questionnaire 日本版（SMQ-J）に回答し、発話行動の状態から場面緘黙の程度を把握する方法があります。SMQ-J はかんもく Net ホームページ（http://www.kanmoku.org/tool）からダウンロードできます。

## ② 指導介入方法

　場面緘黙は不安症の一つであるとされているため、社交不安などに効果的な認知行動療法（CBT）の適用がいいのではないかと考えられることも多いようです。しかし、特に小児期の場面緘黙の子どもはセラピストと話すことができないことが大半です。さらに、担任の教師などの学校教育場面の関係者を積極的に巻き込む必要があることから、既存の CBT の修正が必要であると考えられています（Bergman, 2012）。しかし、現在までに、心理社会的な治療の比較対照試験はなく、有効だと判断される治療プロトコルも存在していません。このような中、バーグマンは、エクスポージャー（暴露療法）を基盤とした行動技法によるプログラムを考案しています。主に場面緘黙を扱う臨床心理、教育心理の分野のいずれにおいても、遊戯療法のようなものよりも行動技法が推奨されていることはいえるようです。

　バーグマンが推奨するエクスポージャーを中心とした行動技法を使ったアプローチについて少し説明します。このアプローチでは、子どもが発話困難な場面において、適切な発話行動を徐々に増やすことを標的に、標準的な行動療法のテクニックが利用されます。家庭では話すことができる子どもでも、不安が生じる教室などの場面では発話を回避しています。子どもが発話を回避しない

で、話すことができると、その状況に慣れることができます。実際に話した時には正の強化（子どもが喜ぶ何らかの報酬）が与えられますので、話す行動は増えていくことになります。この方法では臨床家と親、そして教師が参加します。彼らと子どもがチームとなり、プログラムを進めます。治療の最初の段階では、チームで話すことが困難な場面や状況のリストを作成します。子どもは、困難度によって点数をつけ、困難度の低い状況での発話を目標とすることから始めます。バーグマンはこのアプローチを1回60分、計20セッション行い24週で完成するように設定しています。場面緘黙の指導は通常、短期間で終わるとは考えられておらず、何年もかけて行われる場合もありますが、バーグマンが推奨する方法では半年で子どもは話せるようになるとされています。ただ、そのためには第1～18セッションまでを毎週行う必要があります。最後の2セッションだけ2週間空けて行い、般化と終わりに向けての準備を行います。現在の日本の指導現場の体制では毎週行うことが、難しいように思われますが、場面緘黙のある子どもの不安の高さや人や場面の慣れにくさを考えると、頻度が最も大切であるとも言えそうです。

　また、バーグマンはこのアプローチで最も重要な柱となるのは、エクスポージャーの課題を考えることであると説明します。エクスポージャー課題では、場面緘黙の子どもが最も苦手とする話す場面に少しずつさらしていくことになります。その時に使われる行動技法が、刺激フェイティング法、シェイピング、系統的脱感作法などです。この3つの技法については、表14にて説明しています。

　海外においては、言語聴覚士による取り組みの例もあります。クラインら（Klein et al., 2018）は、25の子どもが好きそうなストーリーを使ったEXPRESSという活動を考案しました。25の話の中には、日本でも人気のある「スイミー」や「かえるくん」の本のシリーズも含まれています。興味深いのは、このEXPRESSは言語発達が遅れた子どもや自閉症の子どもにも使えるということです。開発者らは、場面緘黙の子どもたちがそれらの障害を併存しやすいことにも注目し、言語にさらされる経験が少ない状況を補う方法として、EXPRESSを考えたようです。初回のモジュール1-1では、「Ten, Nine, Eight」という絵本を使います。これは、子どもを寝かせる時に使う絵本で、

表 14　場面緘黙の介入に用いる行動技法

| 行動技法 | 説明 |
|---|---|
| 刺激フェイディング法 | 少しずつ刺激を入れたり（fade-in）刺激を取り除いたり（fade-out）しながら、話せる場面を増やしていくという方法です。例えば、学校の中で、お母さんと2人きりなら話せるお子さんがいたとします。そこへ、学校の先生が扉の向こうにいる状況でも話せるようにしていきます。次第に、扉を開けた状況や、先生がそばにいても話せるようになるように支援をしていきます。 |
| シェイピング | 目標とする行動に徐々に近づけていきます。シェイピングにおいては目標に近い行動をした時のみを強化し、そうでない行動を強化しないことによって行動を変化させていきます。 |
| 系統的脱感作法 | 1950年代に精神科医のウォルピが開発した行動療法の一つ。「系統的に」行われるということは、段階を踏んで少しずつ進みながら行われるということで、「脱感作」は過敏な反応を引き起こす刺激を徐々に増やし、不安や恐怖を低減させることです。<br>恐怖を感じるもの、不安を感じるものに対し過敏になった状態から、段階的に抜け出していくための方法です。「不安階層表」を作り、介入の計画を行います。 |

P. A. アルバート & A. C. トルートマン（1992）．はじめての応用行動分析（佐久間徹・谷晋二監訳）．二瓶社と、レイモンド・G・ミルテンバーガー（2006）．行動療法変容入門（園山繁樹・野呂文行・渡部匡隆・大石幸二訳）．二瓶社を参考に筆者が作成した。

まずはこの本を読み聞かせます。この日は "square（四角い）" という語に注目して学びます。まずは、大人が「この本には四角い窓が描かれています。四角い窓の絵を触ってください」と言い、子どもが反応するかどうかをみます。次に「四角というのは4つの同じ長さの線からできています。この部屋に四角いものはありますか？　もしあればうなずいてください。ない場合は首を振って教えてください。あるいは、指さしてくれてもいいですよ。」というように進めます。

　このように、言語聴覚士が考案した方法では、不安への対処というよりは、子どもとセラピストのコミュニケーションの形を作りながら、同時に単語や文法などの言語能力が身に付くようなやり方です。

##  指導介入をする際の留意点

　場面緘黙のある子どもへの支援を行う時に気をつけなくてはならないことがいくつかあります。まず、前に述べたように、場面緘黙の子どもの指導は長期化することも多く、途中で介入が止まってしまうこともあるのではないかと想像されます。これをどう考えるかですが、まずは、子どもによっては長期化することを想定して長い目で見ていく、という方法があるでしょう。しかし、このように考えることの弊害もあります。場面緘黙への介入というのは、子どもの能力において苦手な部分を伸ばしていくという意味では他の障害と共通するのですが、例えば、構音障害のように子どもが能力的に獲得できていないスキルを対象としているのとは異なります。家の中では話せることが多いためです。その子どもを学校などの他の場面で話せるように促すには、どこで（場所）、誰と（人）、どんなことをする場面か（活動）について、目標を明確にしておく必要があります。その成功体験が積み重なった時に、場面緘黙の症状が薄くなっていくことになるかと考えます。

　次に、場所・人・活動における目標を達成していくためには、指導者が一人で進めることは不可能です。場面緘黙に関するさまざまな書籍においては、本人の他に保護者と学級担任の協力が必要であることが記載されています（McHolm, Cunninghum, & Vanier, 2007）。

　あるいは、校長やその他のメンバーも含めてチームとして対応することが望ましいことも説明されています。というのも、場面緘黙の子どもにとって、場所・人・活動は大変重要な要素で、場所や人によって子どものコミュニケーション態度が異なることが予測されます。この内容について共有することは大変重要で、チームを組んで子どもの様子を共有しておくこと、エクスポージャーの課題を考える際にチームで取り組むことができることは、より効果的な結果につながることが強調されています。

## 4　適切な支援の場とは

　場面緘黙の子どもがどこで指導を受けているかについての情報はまだ少ないようです。学齢期では、情緒障害・自閉症の通級指導教室に通っていることが

多いように思われますが、言語障害の通級指導教室に通っている子どもがいることもわかっています（久保山，2017）。あるいは、公的な機関や民間のクリニックなどに通い、心理や言語の専門家による介入を受けている可能性も想定されます。現在のところ、どこで相談するのが最も良いのかは明確にはなっていませんが、それより、場面緘黙について知識のある専門家が少ないことが問題なのではないかと思います。これまでに、場面緘黙についてあまり知られておらず、適切な対応についても明らかにされていないことが大きな原因だと考えられますが、そのために子どもや家族が相談できないということを避けなくてはならないと思います。このように考えると専門書における場面緘黙への支援介入法は行動技法を中心とした、専門性の高い技術を用いることが説明されており、通級指導教室の教員にとっては、実施が難しい場合もあることが懸念されます。多くの学齢児が利用すると考えられる通級指導教室の教員が取り組めるような指導法についても考案されていく必要があるかと考えます。

　さらに、マクホルムとカニングハムとヴァニエ（McHolm, Cunninghum& Vanier, 2007）によると、場面緘黙のある子どもは比較的、子どもと話すことには抵抗がない場合もあるのですが、大人に馴染みにくいという傾向もあるようです。特に、学級担任には、人格や様子に関わらず、担任という性格から、馴染みにくい傾向もあるとのことです。チームを組んだときに、学級担任が、子どもが自分に話しかけないことに引け目を感じたり、自分のせいで子どもが話さないと思ってしまったりする可能性があるため、大人や特に学級担任の場合は無条件に子どもが話しかけにくい対象であることなども広まった方がいいと思います。

　まず、学校でチームが作りやすいという点では、通級指導教室で緘黙の支援がなされることが、子どもと親にとっての負担が少ないように思われます。それが、自閉症・情緒学級であっても言語障害の通級指導教室であってもまずは通えることが大切だと考えます。しかし、同時に、場面緘黙支援についてはまだ知られていることが少なく、指導においては発展途上の分野です。通級指導教室の方でも、場面緘黙の支援について最新の情報を得ること、それを常にアップデートしていかなくてはならず、そのためには専門家が研修会を行うことや、学校教育現場で使えるリソースを提供していくことが求められていると

思います。

## 引用文献

American Psychiatric Association. (2022). *Diagnostic and statistical manual of mental disorders* (5th ed.‒text rev.). American Psychiatric Publishing. (アメリカ精神医学会 (2023). DSM-5-TR 精神疾患の診断・統計マニュアル. 医学書院)

Bergman, R. L. (2012). *Treatment for children with selective mutism: An integrative behavioral approach.* Oxford University Press. (R. リンジー・バーグマン (著). 園山繁樹 (監訳) (2018) 場面緘黙の子どもの治療マニュアル：統合的行動アプローチ. 二瓶社)

Black, B., & Uhde, T. W. (1995). Psychiatric characteristics of children with selective mutism: A pilot study. *Journal of the American Academy of Child & Adolescent Psychiatry, 34*(7), 847-856.

Klein, E. R., Armstrong, S. L., Gorden, J., Kennedy, D. S., Satko, C. G., & Shipon-Blum, E. (2018). *Expanding receptive and expressive skills through stories: Language formulation in children with selective mutism and other communication needs*, Plural Publishing.

Kristensen, H., & Torgersen, S. (2001). MCMI-II personality traits and symptom traits in parents of children with selective mutism: A case-control study. *Journal of Abnormal Psychology, 110*(4), 648-652.

久保山茂樹 (2017). 平成 28 年度全国難聴・言語障害学級及び通級指導教室実態調査報告書. 独立行政法人国立特別支援教育総合研究所.

McHolm, A. E., Cunningham, C. E., & Vanier, M. K. (2005). *Helping your child with selective mutism: Practical steps to overcome a fear of speaking.* New Harbinger Publications. (アンジェラ E. マクホルム・チャールズ E. カニンガム・メラニー M. バニエー (著). 河井英子・吉原桂子 (訳) (2007) 場面緘黙児への支援：学校で話せない子を助けるために. 田研出版)

第**6**章

# 複数の障害を重複 する児童への指導

## ① 支援の優先順位

　これまで、障害別に知られていることを述べてきましたが、実際に教育現場にいる子どもは障害別に明確に分けられるのかどうか疑問です。一つの障害のみに該当する場合もあると思いますが、複数の障害にまたがる場合もあるかと思います。

　ここで、筆者が研究代表者として行なった科研費による「ことばの教室への入級審査に用いる発話・言語能力包括的アセスメント法の開発」の研究[注26]の中で明らかにした結果の一部を紹介します。

## ② 発話・言語能力包括的アセスメント法開発の背景

　ことばの教室において経験年数が3年以下の教員が46.5％に及ぶことが問題視されています（久保山，2017）。さらに、担当教諭において特別支援学校教諭免許状を有する者は45.0％に過ぎないことも専門性の観点から疑問視されることがあります（久保山，2017）。この実態の改善は喫緊な課題ですが、実際には今すぐに制度を変更できる状態ではなく、現状を踏まえながら、教員

---

26)「ことばの教室への入級審査に用いる発話・言語能力包括的アセスメント法の開発」の研究：基盤研究B（課題番号 20H01703）で2020 ～ 2024年までの研究である。研究分担者は、宮本昌子（筑波大学）、今富摂子（目白大学）、飯村大智（筑波大学）、小林宏明（金沢大学）、後藤多可志（目白大学）、畦上恭彦（国際医療福祉大学）、牧野泰美（独立行政法人国立特別支援教育総合研究所）、城本修（県立広島大学）、趙成河（筑波大学）で構成された。

と言語聴覚士がうまく連携を取る方策を思案する必要に迫られていると考えます。特に、言語聴覚士の専門性としてアセスメント能力を期待されている点（松本，2015）から考えると、児童の入級を審査するアセスメントに貢献できる可能性は高いのではないかと考えました。具体的には、現在のことばの教室に入るための入級審査というのは、自治体によって大きく異なると思われます。筆者が頻繁に出入りしている東京都内のことばの教室においても、アセスメントツールとして、現在の生活に合わない古いものが使われていたり、子どもが楽しく積極的に話す雰囲気が確保されたりしていない場合があるなど、いくつかの課題を感じていたことがあります。

　さらに、ことばの教室の実態として単独の障害ではなく、複数の障害を併せ有する事例が増加していることが報告されています（吉田，2011；久保山，2017）。その具体的な調査結果として，発達障害の診断を有する児童の割合が10.2 ％、診断はないが担当者からその傾向があると評価された児童は19.5 ％にのぼるという報告があり（藤井，2016）、入級時に整理されるべき問題が複雑化する傾向にあることも予想されます。吉田（2011）は、ことばの教室での重複の事例を取り挙げ、主訴の解決だけ図ろうとしたらその背景にある重要な問題を見逃すことになる危険性を指摘しています。発達障害を併せ有する場合、「ことばの教室」と「自閉症・情緒障害の通級指導教室」のどちらへの措置が適切であるか、現段階では適格な判断基準はありません。したがって、この判断が入級時のスクリーニング結果で適切になされることは、指導効果に直結し、児童の学校生活での QOL の向上にも大きく関わることが予想されます。これらの背景を踏まえて、ことばの教室で使用可能な発話・言語能力包括的アセスメント法の開発を行うことを研究目的としました。特に 1 年生でことばの教室に入級したいというニーズがある時に受けるアセスメントツールを開発することにしました。この研究では分担者も含め全員が言語障害の各分野の専門家が揃っていました。まずはこのメンバーで、最初の段階で保護者が記載するチェックリストを作成しました。しかし、チェックリストの作成過程や、特異度・感度などに関する結果は、別の媒体で公表する予定があるため、ここでは省略します。このチェックリストを用いたアセスメントを、ことばの教室に通う 1・2 年生の児童の保護者に実施するとともに、その子どもの診断名に

ついて担当教員に尋ねる調査を行いましたので、本著では、その結果について
ご紹介します。

 **ことばの教室での障害の重複**

　関東地方147校のことばの教室に郵送にてチェックリストへの回答を依頼し
たところ、45校（回収率31％）からの協力が得られました。まず、サンプル
の概要として、ことばの教室に通う児童（134名）の内訳を表15に示します。
45校のことばの教室に通う児童134名分を分析対象としました。ことばの教
室の教諭は1名で複数の児童について回答した教員もおり、計123名が回答を
しました。

　まずは、回答した教員の属性についてです（表16）。教師の経験年数は平均
14.2年、通級指導での経験年数は平均8.8年でした。特別支援教育の免許状に
ついては、いずれかの障害種の免許を所有している教員が42.3％で、一般デー
タ並みでした。通級指導経験年数3年未満の教員は22.0％で、これは一般デー
タより少ない傾向がみられました。

　ことばの教室の教諭が回答した児童の診断名あるいは評価結果の単純集計
では表17のとおりです。障害種の重複を含めた回答結果で、該当する障害の人
数を示しています。構音障害（単独）が最も多く、次に吃音（単独）が多い結

表15　ことばの教室に通う児童（134名）の内訳

| 学年 | 性別 |
|---|---|
| 1年生　55名（41.0％） | 男子　97名（72.4％） |
| 2年生　79名（59.0％） | 女子　37名（27.6％） |

表16　ことばの教室教員（123名）の基礎的情報

| 教師の経験年数（平均） | 14.2年 |
|---|---|
| 通級指導の経験年数（平均） | 8.8年 |
| 特別支援教育の免許状を所有する者 | 52名（42.3％） |
| 通級指導経験3年未満の者 | 27名（22.0％） |

表 17　ことばの教室の教諭が回答した児童の診
　　　　断名・評価結果
　　　　（単独と重複を区別した場合に多く含まれ
　　　　た障害の順位）

| 1 位　構音障害（単独） | 43 名（32.1 %） |
| 2 位　吃音（単独） | 37 名（27.6 %） |
| 3 位　構音障害＋吃音 | 10 名（7.5 %） |
| 4 位　構音障害＋言語発達障害 | 6 名　（4.5 %） |
| 5 位　言語発達障害（単独） | 6 名　（4.5 %） |

表 18　ことばの教室の教諭
　　　　が回答した児童の
　　　　診断名・評価結果
　　　　（診断名が単独で
　　　　あった・重複して
　　　　いた割合）

| 単独 | 93 名（69.4 %） |
| 重複 | 40 名（29.9 %） |
| なし | 1 名　（0.7 %） |

果となりました。構音障害と吃音に該当する児童が全体の約 6 割を占めていることになります。久保山（2017）によると、構音障害が多いのは低学年の特徴であると説明されています。少数の回答では、場面緘黙や社会コミュニケーション症との重複というのもみられました。コミュニケーション症についてはまだ理解が広まっていないと考えていましたが、今回の対象の中にはより精緻な評価について理解のある教員の存在が示されたことになります。場面緘黙の回答については、自閉症・情緒障害の通級指導教室だけでなく、ことばの教室での受け入れもあることが明らかになりました。

　さらに、表 18 は、単独と重複に分けて集計したもので、併存した二つ以上の診断名が挙げられた児童が約 30 %存在しており、この場合、指導の優先順位を整理する必要があると考えました。今回、注目したいのは、この「重複例が約 30 %存在する」という結果です。言語障害の診断がなく、自閉スペクトラム症や ADHD などの診断のみがある児童もことばの教室に通っていました。また、上位 5 位までは、言語障害の単独、あるいは言語障害間の重複（例：構音障害＋吃音）ですが、それ以下になると発達障害と言語障害の重複例もあり、発達障害単独の主訴で通う場合も 6 名（4.5 %）みられていました。重複していた場合はそれぞれ個別にばらして、単独扱いにして、回答がみ

第6章 複数の障害を重複する児童への指導

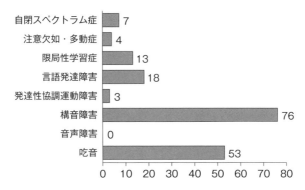

**図7　ことばの教室の教諭が回答した児童の診断名・評価結果　（人数）**
横軸の人数は、対象児が複数の障害で指導を受けている場合はばらして、診断名をそれぞれの障害種に分けて数えたもの（述べ人数）を示している

---

結果：発達障害の児童が含まれる割合は 25／134（18.7 %）

発達障害のみ有した例：計6名（4.5 %）
・SLD、ADHD、ASD を単独で有する：5名
・ADHD＋SLD：1名

言語障害と発達障害が重複した例：計19名（14.2 %）
・言語障害（1種）＋発達障害（1種）：13名
・言語障害（1種）＋発達障害（2種）：1名
・言語障害（2種）＋発達障害（1種）：3名
・境界域＋ASD＋吃音：1名
・境界域＋ASD＋ADHD＋SLD＋言語発達障害＋構音障害：1名

**図8　ことばの教室に通う児童における発達障害のある児童の割合**

---

られた診断名を有する述べ人数をグラフ化したものが図7の結果です。このグラフを見ると、限局性学習症が13名、自閉スペクトラム症が7名、注意欠如・多動症が4名存在していることになります。ことばの教室であるはずなのに、発達障害のある児童が通っていること、加えて重複例が併せて30％存在するということで、ことばの教室でも発達障害支援のニーズが一定数あることがわかりました。この結果については、久保山（2017）の報告内容に追従していました。

　さらに重要な結果は、図8にまとめてあります。今回の研究で、言語障害と

発達障害が重複した例は計19名で14.2％を占めました。上記のように発達障害を単独で示した児童が6名いましたので、併せて25名（18.7％）に発達障害のある児童が含まれていたことになります。最高、6種の障害を重複していた児童が1名いました。

## 4　吃音とASDのあるケンジくんの事例

上記では、言語障害の種類が二つ以上重複する状況や、言語障害と発達障害が重複する状態などについて説明しました。前者の言語障害を二つ以上有する場合は、ことばの教室での指導で十分だと考えますが、後者の発達障害との重複については、ことばの教室だけでは難しい場合もあるかと想像されます。そこで、具体的な事例を示すことにより、どのようなニーズがあり、指導・支援が必要となるのかについて考えることにします。

### (1) 事例の概要

ケンジくん（仮名）には、生後から2歳過ぎまで発達上の特記事項はありませんでした。2歳5か月頃から落着きがなく、その時にまだ1語文発話のみでした。3歳頃から母親がことばの遅れを心配し相談したところ、A市母子通園施設の集団指導が始まりました。3歳半〜4歳頃から、同施設の言語聴覚療法と作業療法の個別指導も始まりました。5歳11か月の就学前の段階で、B大学クリニックの言語聴覚療法で面接を受けました。医師からの紹介状にはASDと知的障害の診断名が記入されていました。入学後の状況について尋ねたところ、就学時検診での指摘がなかったため、通常学級のみで特別支援教育に関する利用はない、とのことでしたので、B大学クリニックでの指導を11月から開始し、その後小学校へ入学となりました。

### (2) アセスメントの結果

就学直前の6歳時でのアセスメントの結果を以下に示します。
- 知能検査（WPPSI[注27]）：表19のとおり。言語性IQ71、動作性IQ106、全検

---

27) WPPSI：Wechsler preschool and primary scale of intelligence の略で、幼児向けの知能検査の名

第6章　複数の障害を重複する児童への指導

査 IQ86 で知的障害の範疇ではな
かった。言語性の能力が低いために
全般的に遅れているようにみえたと
推測された。言語性の下位検査の中
でも「単語」「算数」は評価点5で
著しく低かった。

●絵画語い検査（PVT-R）：4つの絵
から、提示された「単語（名詞、動
詞、形容詞など）」を探し、指さし
て反応する理解語彙力を測定する検
査では、語彙年齢5歳8か月、評価
点10であり、語彙力は比較的保た
れていることがわかった。一方、
「〜はどんなもの？」（WPPSI：単
語）」に音声言語で説明して答える
ことが難しく、自分で文法を組み立
てて構成し話す能力が低いことがわ
かった。

表 19　WPPSI 検査結果（6歳時）

| 言語性検査：VIQ71 | 粗点 | 評価点 |
|---|---|---|
| 知能 | 11 | 7 |
| 単語 | 10 | 5 |
| 算数 | 9 | 5 |
| 類似 | 7 | 7 |
| 理解 | 10 | 6 |

| 動作性検査：PIQ106 | 粗点 | 評価点 |
|---|---|---|
| 動物の家 | 58 | 15 |
| 絵画完成 | 15 | 9 |
| 迷路 | 16 | 9 |
| 幾何図形 | 20 | 16 |
| 積木模様 | 18 | 20 |

FIQ86。評価点が5点以下の下位検査結果
は下線で示した。

●音韻：音節数の多い単語の時に語頭音を繰り返す。
・r音→d音に置換，側音化構音（息が側方からもれる）、口蓋化構音（本
来舌先を使って発音するべきである音を、舌の中央あたりを使っている）。
・「えんぴつ」を「えんぺつ」、「コアラ」を「コララ」と発音した。

●統語・語彙
・「ねこ」「パンダ」など、誰でも簡単にわかる動物の名称が想起できないこ
とがあった（もの自体を知っている様子はあったが、単語が思い浮かばな
い）。
・色の名前：色名とのマッチングはできるが、呼称ができない。

称。現在は、Third edition が最新版として使われる。最新版では、言語性 IQ と動作性 IQ は用いら
れず、言語理解指標（VCI）と知覚推理指標（PRI）を用いる。適用年齢も WPPSI は3歳10か月
〜7歳1か月であったが、WPPSI-Ⅲでは2歳6か月〜7歳3か月と対象が少し広げられた。

・言えない部分はジェスチャー、擬音語等で補って話す。

・特に、説明する場面で非流暢性頻度が上昇し、何を言っているのか全く分からなくなる。

●コミュニケーション態度

・マイペースで、自分の好きなこと（恐竜，虫）だけ話す。

・母親によく怒られている。べったりと甘える時もあるし、居なくても平気な時もある。

・言語指導の担当者には自分の好きなことだけを話す。本児のペースに合わせていると、やりとりは一応、成立する。

　上記の結果をまとめると、言語聴覚療法の観点からは、問題が3点に絞られました。

①主訴は「吃音」であるが、それを一般的な発達性吃音と捉えてよいのか。

②知的能力の低下、というよりも「言語能力」に特化した苦手さではないか。

③「言語能力」の中でも理解面は比較的良好で、「話す」、つまり表出全般（構音，流暢性，統語能力など）に苦手さがあるのではないか。

　さらに、行動面での特徴も考慮しながら、言語聴覚療法の指導目標を以下のように設定しました。前半2つの言語障害を標的にした目標と後半2つの発達障害の特徴を標的にした目標が挙がりました。

①音韻的側面の向上：音韻認識課題（モーラ分解・モーラ抽出・語頭音による語想起・逆唱）の実施。

②統語的側面の向上：S＋V＋O構文を作る練習、絵カードを用いて、3語文で表現する練習を行う。

③コミュニケーション能力の向上：ターン・テーキングを用いて、自由会話の中で、一方的な会話にならないように、順番を守った会話の練習を行う。

④注意欠如・多動・衝動性への対応：教材・環境への配慮をし，注意の持続をねらう、視覚教材の工夫、興味に合わせた課題、休憩時間の確保（60分中1回）を行う。

　ケンジくんの場合、1対1でのコミュニケーションではそれほど困ることはありませんでしたが、話が一方的になりやすいので、クラスなどの集団に入った時に困らないようにと考えました。それよりも、課題実施中の注意が持続し

づらい点や個別場面において
も離席が多くみられたため、
この問題に対する対応が必要
だと考えました。

## （3）指導の経過

　8歳時、WISC-Ⅳを実施し
た結果、総合的なIQは標準
レベル（FIQ104）でした（表
20）。2年前に実施した

### 表20　WISC-Ⅳ検査結果（8歳時）

| 言語理解：VCI　88 | 粗点 | 評価点 |
|---|---|---|
| 知識 | 12 | 10 |
| 単語 | 14 | 9 |
| 算数（WISC-Ⅳでは<br>ワーキングメモリーに変更） | 22 | 16 |
| 類似 | 7 | 7 |
| 理解 | 9 | 8 |
| 語の推理 | 8 | 10 |

WPPSIの結果と比較すると、言語能力に関する下位検査で著しく低いものが
なくなっていました。下位検査の「算数」はWPPSIの時は著しく低かったの
ですが、WISC-Ⅳでは高い成績を示しました。6歳時の注意・集中あるいは
聴覚的な短期記憶の能力がかなり未熟だった可能性が考えられました。言語能
力（特に表出面）はかなり上昇しました。指導・支援もありますが、本人の成
長という要素も大きかったと思います。「あれ」「それ」等の代名詞や「びゅー
ん」「ごぉーっ」等の擬態語・擬音語、ジェスチャーの使用が減り、8歳まで
の間にある程度、自分の言いたいことを言語化できるようになったと考えられ
ます。図9の結果からも、年長（1月）から小2（6月）の間に、指導場面に
おける非流暢性生起率が70％近かった状況から8％に低下したことがわかり
ます。

## （4）指導結果まとめ

　以上の経過を、言語聴覚療法の観点で以下のようにまとめてみました。

● 本児には吃音らしい言語症状はあったが、吃音の心理的な症状がみられず、
　検査結果から、言語理解面は良好だが表出能力が低いことに注目し、背景に
　ある音韻や統語に関する言語的側面にアプローチした。

● その結果、代名詞や擬態語・擬音語、ジェスチャーでの表出は減り、自分の
　言いたいことを言語化できるようになった8歳くらいの時に、非流暢性が併
　せて軽減した。

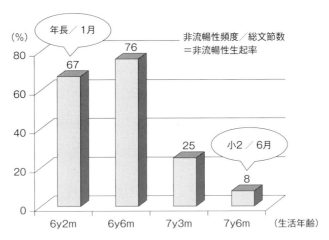

**図9 指導場面における非流暢性生起率の変化**
小林宏明・川合紀宗（編著）(2013). 特別支援教官における吃音・流暢性障害のある子どもの理解と支援（p. 238）学苑社に掲載されたものを参考に筆者が作成した。生活年齢は y（年）、m（月）で示した。

- 言語能力全般（特に表出面）が上昇したことが、非流暢性の軽減につながった可能性がある。もしこれが正しいとすれば、本児の非流暢性は発達性吃音ではなく、発達途上にみられる、言語学的な要素の強い正常範囲非流暢性[注28]であったことが推測される。ASDを伴う児童に特有な現象であるかどうかについては、今後の事例の蓄積が必要である。

ケンジくんのように、ASDの中には特に言語能力全般が低い子どもがいますので、純粋な吃音とは違って、言語発達の問題が絡んだ非流暢性である可能性があり、それを見極めるには、態度や心理面の評価が重要になるかと思われます。もし、そういった問題が少ない場合は、いわゆる発達性吃音に対する指導ではなく、言語的側面へのアプローチの方が有効かもしれないと考えています。しかし、このことの根拠はまだ十分に示されておらず、今後の研究から明

---

28) 正常範囲非流暢性：吃音中核症状（繰り返し、引き伸ばし、難発）に対し、一般的な話者においても起こりうる症状を示す。言語単位の大きい（単語や句の）繰り返し、中止、言い直し、挿入などの症状が含まれる。2〜3歳頃の言語獲得期においても、正常範囲非流暢性は増すと考えられており、生起メカニズムとしては発声・発語の運動の困難ではなく、言語ベースであることが想定されている。

第6章　複数の障害を重複する児童への指導

らかにされていくと思います。

　また、筆者は言語聴覚士で、発達障害についてはこれまで勤務した機関での経験があったため、言語聴覚療法だけでなく、行動面への指導を行うことも可能でしたが、実際には難しいこともあり、行動面への介入は他機関で行っていただくことも多いのではないかと考えます。個別指導では、何とか指導が定着しましたが、指導の経過で、学校生活での行動問題が増加することがありました。低学年の時には落ち着かないことも多く、投薬を受けたこともあります。ケンジくんの場合は、親の方針で教育現場での支援は受けず、医療が中心であったことが、本人のために良かったかどうかについては疑問が残っています。特に、学年ごとに変わるクラスの雰囲気や学級担任との相性にケンジくんの行動が大きく影響されていました。良い時は、ケンジくんだけの秘密基地を作ってもらえた時でした。この学年の時には、クラスに居づらくなった時には秘密基地に入っていたので、教室を飛び出すことはなかったそうですが、そうでない学年の時には、授業中にパニックを起こして飛び出して教室を飛び出すことは頻回でした。このようなことを考えると、学校の中で調整してもらえるよう支援を受けられていた方が良かったのではないかと、後でそのように思いました。

## ⑤　ことばの教室への入級をめぐって

　これまで述べてきたように、ことばの教室の入級審査時に、発達障害の傾向や発達障害そのものが重複してみられるということは、頻繁にあることだと思われます。私がかかわっている東京都のある地域では、発達障害の医学的診断がある場合に、優先的に「自閉症・情緒障害学への通級による指導」を勧めている印象を持っていますが、重複している言語障害の程度も考慮されている場面も拝見しています。実際には重複例の措置については相当悩ましい問題で、審査の場でも教員間での話し合いだけでなく、保護者とのやりとりも丁寧に行われ、最終的な決定がなされています（注：入級審査の在り方は、全国各地によっても相当異なっていることが推測されます。東京都のように、ことばの教室にイニシアチブがある場合とそうでない場合もあります）。障害のある子どもが通う公共の支援機関については、全国的には幼児が中心で学齢期の子ども

が通えるところはまだ少ないとされています。一方、学齢期の児童が通う施設に恵まれている地域では、例えば、発達障害の支援は学校外の機関に紹介し、言語障害はことばの教室でフォローするという選択していることもあります。しかし、これは全国的にも大変に恵まれた例だと思います。

　通常の地域では、外部の機関にも恵まれない場合が多いと推測されます。このような場合の措置については、二つの通級に通うことができない、という問題があります。この問題を乗り越えるために現状の制度の中でより良い方法をとる場合、二種類の通級間で協力し合い、一つの通級が終了となったら次の通級へ移る、という連携をとっていることもよく聞いています。さらに、東京都内の通級指導教室では、小学校の校舎と建物が別棟になっていて、そこに自閉症・情緒障害の通級指導教室と、ことばの教室が両方入っているところもあります。その場合でも、二つの通級に同時に通うことはできませんが、二種類の通級の教員間で情報を共有したり、児童の指導についての相談ができること、また、片方の通級が終了した後にもう一方の通級に通えるような流れが作りやすいというお話を聞きました。このような現状が、親子のニーズに合った形に変わらないものか、と考えることはよくあります。

　筆者は、言語障害の専門家としてアセスメントを重視し、一人ひとりにサービスを提供する仕事を中心として活動してきました。目の前の一人の子ども、その親を個別的に支えようとする仕事内容が中心で、木を見ていても森はあまり見えていないという弱点があります。そのためだけではありませんが、特別支援教育の全体像や制度やしくみの理解には不十分なところがあり、ここで、今後どのような方向性を目指すのが良いということを提言するためには、さらなる勉強が必要であるという状況です。幸いにも、筑波大学には特別支援教育に詳しい先生が沢山いらっしゃって、諸先生方から、多くのことを教えていただく機会を得ました。その中でも、柘植雅義先生の主要なご著書を拝見し、今後、日本のことばの教室が進むべき道を選択するためのヒントが書かれていると思いました。先生のご著書の中においては、いずれもワールドワイドな視野の広さや見識を背景に、日本の課題や未来に向けた提案が縦横無尽に繰り広げられていることを実感しました。本来は全てを咀嚼して検討するべきですが、紙面の制限もあり全て紹介できるわけではないので、その一部を取り上げて、

ことばの教室にも関わる重要な課題としてご紹介したいと思います。柘植先生は、「特別支援教育」が誕生したことを130年ぶりの大改革であると表現されていて、この制度の移行がいかに一人ひとりのニーズに沿った教育を施すものに変わったか、という点で高く評価されています（柘植，2013）。その一方で、その後に進歩していない部分を非常に厳しい目で見られているということになるかと思います。

　例えば、「特別支援教育において達成できたことと残された課題」（柘植，2019）において、インクルーシブな教育や社会の実現に向けて、教員の専門性に関する問題が深刻であることを挙げています。その中でも、特別支援学校の免許制度はあるが、通級による指導や特別支援学校を担当する教員の専門的な教員免許がまだないことに対して課題があるとおっしゃっている点が非常に重要だと理解しました。

　筆者がことばの教室で尋ねると、特別支援教育の免許状を持っている教員に出会うことはよくあります。しかし、この点については、「通級による指導や特別支援学級の担当者の専門性は、特別支援学校の担当者の専門性とは基本的には異なるものであると考えたほうがよいだろう。」と述べられています（柘植，2013）。そうなると、言語障害通級指導教室の担当者になるには、そのための資格が作られるべきではないか、ということになります。アメリカのように、言語聴覚士が学校に入って仕事をした方がいい、という考え方もあります。しかし、筆者は先述のとおり、日本のことばの教室には、子どもの全体的な人格の成長や心理面の健康に重点を置いて教育を行ってきた点では、諸外国より先導的であったともいえると考えています。この長所を活かすためには、やはり、通級指導教室の教員になるための資格として作られることがスタートではないかと思います。通級を利用する児童が多様化し、障害も複数にわたる場合があることを踏まえると、どの教室にも専門的な能力の高い教員がいることが必須ではないかと考えます。そして今後は、資格化が実現できるような根拠を積み重ねていくことが最も必要ではないかと考えられます。このことは、『学習障害（LD）：理解とサポートのために』（柘植，2002）において、「学術研究は政策形成にもっと貢献するよう努力する必要がある」と先生自身がアメリカの教授に言われた言葉に関する記述があることで、その重要性に気づかさ

れます。今後は"Fill the gap"の精神で、研究と実践のギャップを埋めるようなチャレンジを続けていけるように、自分にも言い聞かせ、周囲の研究者にも呼びかけていきたいと思います。


**引用文献**

American Psychiatric Association. (2022). *Diagnostic and statistical manual of mental disorders* (5th ed. - text revision.). American Psychiatric Publishing. (アメリカ精神医学会 (2023). DSM-5-TR 精神疾患の診断・統計マニュアル. 医学書院)

藤井和子. (2016). 言語障害通級指導教室における発達障害を併せ有する児童の実態と指導上の課題. 障害科学研究, 40(1), 107-118.

久保山茂樹 (2017). 平成 28 年度全国難聴・言語障害学級及び通級指導教室実態調査報告書. 独立行政法人国立特別支援教育総合研究所.

松本美代子 (2015). 特別支援教育への言語聴覚士の関与の現状と課題. コミュニケーション障害学, 32(1), 43-47.

柘植雅義 (2002). 学習障害 (LD)：理解とサポートのために. 中央公論新社.

柘植雅義 (2013). 特別支援教育：多様なニーズへの挑戦. 中央公論新社.

柘植雅義 (2019). 特別支援教育において達成できたことと残された課題. 教育と医学, 67(9), 704-711.

吉田麻衣. (2011). ことばの教室の目指すもの：教育における言語指導のあり方. コミュニケーション障害学, 28(2), 93-99.

# 第7章

# 言語障害通級指導教室の今後の在り方を探って

## （１）　柘植雅義先生との対談

　第6章5で述べてきたことをさらに膨らませ、読者のみなさんと、ことばの教室が目指すべき、重要な視点を提供したいという思いで、柘植先生とお話した内容をご紹介して本書を締めくくりたいと思います。

**宮本**：柘植先生、今日は「ことばの教室」についてお話をうかがっていきたいと思います。よろしくお願いいたします。

**柘植先生**：ことばの教室という言い方は、発達障害の通級ができる前から、ずっと前からあったのだけど、全国的によく知られてるよね。ことばの教室という言い方ね。でも制度上の言葉ではないのだけれども。ことばの教室というのは、前からこの言い方で、日本中で使われていたの？

**宮本**：そうですね。最も古いのは1926年、東京深川，八名川尋常小学校の吃音学級だと言われています。第二次世界大戦があって、その後にアメリカから言語病理学が入ってきた影響で、1953年に千葉県の真間小学校、1957年に大森小学校ができたのですが、資料（山田・吉岡・津田，1994）には「治療教室」と書かれています。

**柘植先生**：（14頁の図1のグラフを見て）こういう調査は毎年やっていると思うのだけども、研究者等が依頼しても見せてくれない場合があって、こういうのは、エビデンスとしてアメリカのように公表して、研究者が分析に使えるよ

135

うにするといいですよね。そうなると、実践家とか、政策担当者とかと、研究する側がより良い関係になってくるよね

**宮本**：はい、私もそう思います。

**柘植先生**：このグラフで書かれている障害は、一人に一つだけという意味ですかね。二つとか三つとか持っている人もいると思うんだけど、集計はどうやっているのだろうね。時代に応じて、ニーズに応じて、分類の仕方とか同じ結果でも解釈の仕方がちがってくるよね、例えば構音障害で難聴ということもあると思うけど、これは一つなんだね。

**宮本**：このグラフでは、一つというふうになっています。

**柘植先生**：言語通級というからには、言語障害を並べざるを得ないんだろうね。でも、本当は情緒通級に行きたいのだけど、自宅の近くになくて、車で行っても 20 分とか 1 時間とかかかる。緘黙なのだけれど、自分の学校にことばの教室がある、だったら遠くの情緒通級まで行くのは無理だから、自分の学校で対応してよ、というのは、ニーズはあるんだろうね。特別支援学校は昔は完全に一つの学校が対応するのは一つの障害だったけれども、今は、複数の障害の部門を持っている特別支援学校は増えているじゃない。だから集計の仕方が難しいのだろうね。そもそも、通級は障害別につくれとか、どこにも書いてないんだよ。特別支援学級は障害別につくることになっているけど。ノンカテゴリカルでやるというところも、アメリカの一部の州だとあるんじゃない？だから「ことばの教室」っていう名称がいいのかどうかは別として、小学校 1～2 年生あたりは障害種別ではなくても、なにか気になる子は来てください。障害ではなくてもいいんですよ、と。なにか気になることがあったら来てくださいと。学べないとか、友達と遊べないとか、そういったことをデパート<sup>注29)</sup>みたいな感じで対応できるようにする。小学校 3 年生から、専門店街になりますので、そうなったときに、私は言語障害と発達障害があるからというのであれば、専門店街をまたにかけて移動するのかを考える。一つのところに品揃

---

29) この対談の中の通級による指導における「専門店街」と「デパート」は比喩表現である。「専門店街」は、言語障害通級指導教室や弱視通級指導学級のように特定の障害を対象として指導を行う教室のことを指す。「デパート」は複数の障害を対象としている、あるいは障害の指定を行わず、どのような障害であっても対応できる状態の教室を指す。

えを全部置いてしまうと、他の学校は何もない状態になってしまうので、「身近なところで学べる」という、障害者権利条約とずれていってしまう。だから1〜2年生くらいは、障害種別ではなく、ノンカテゴリカルな通級にする。その上で、特に対応が難しい場合、例えば、視覚障害などの場合は、特別な人が来てくれるという構造で、とりあえず、自分の通っている学校でなんとかなる、という設計にしなければいけないんだろうなということは、研究者も実践家も思っているんだろうけど、一歩前に出れない状態。昔ながらのものがずっと続いてしまっているという状態。集計の仕方でそれが表れるよね。

**宮本**：そうですね。

**柘植先生**：以前、障害種別に問わず色々なところから声をかけられてお話をすることがありました。ある聴覚障害の特別支援学校の幼稚部で給食の最中だったのですが、男の子が箸持って走ってて、もう気絶しそうになりました。なぜなら凶器だから箸は。隣にいた主任の先生に、「箸持って走っているけど、対応なんかしないんですか？」ときいたら「あの子は、発達障害もあって、発達障害の場合は無理に行動を制御するとパニックになるから、しない方がいいと言われてるんで、ほおっているんです。」と話されました。で、私が、「もし転んだら、自分で目ついたりとか、他の子どもに刺さるかもしれない。あれ、知的障害の特別支援学級でしたら、見て見ぬふりはしないんですよ」って言ったらびっくりするんですよ。「えっ」て。「そういう指導されてるんですか？」と。それで、個別の指導計画には、食事中に箸持って走っていることを、深刻な課題なので、書いてあるだろうと、対応しているだろうと思ってきいたら、「先生ここは聾学校なんで、聾以外に起因する目標は指導計画には書けませんので」と話されました。それでまた気絶しそうになりました。だから障害種別すぎるのですね。この状態、知的障害とか発達障害を専門にやってる人が見たら気絶すると思う。何もしないでいいの？　と。障害とか関係なく、食事中に箸持って歩くのは危ないから、箸置いて歩きなさい、なぜなら凶器だから箸は。障害種別すぎることが、基本的な指導・方針の考え方だとか、指導の実際に悪い影響を与えてしまっているのですね。

**宮本**：私が行くことばの教室でも、主訴は吃音なのだけどもコミュニケーション態度に問題がある子どもがいて、しかし、ことばの教室なので、吃音には対

応するけど、コミュニケーションの問題は「情緒」に行かないといけないみたいな感じなのですね。

**柘植先生**：だから、専門店街になっているんだよ、日本は。吃音があってASDがあってさらに人間関係が苦手で、さらに見ることが不自由で、色々とメガネを工夫しているという子がいるとしたら、Aという学校に行って、自分の学校にはことばの教室があるから、その部分は自分の学校でやるけど、発達障害の通級はとなりの学校にあるから、そこにいってその困難をなんとかしてもらう。で、目の不自由なところは、もう二つ三つ向こうにいった学校があるから、そこに通うという仕組みがある学校へ行けるのならそれもいいかもしれない。でも、基本的には通う学校は一つかな？　あるいは、知的障害の特別支援学級。知的障害は通級も作ったほうがいいと思うのだけど。知的障害の特別支援学級で、構音に問題があるとしますよね。そうすると、通常学級ではなくて、特別支援学級に在籍なので、そこにいながら、週に1時間くらいは、自分の学校に、ことばの教室があるので、構音のベテランの先生がいるから、みてもらいたいといってもそれは今はできないんだ。これはおかしい。現行制度が、子どもの一人一人のニーズにあった状態になってない。これは、現場の先生も辛いと思うよ。親御さんも。吃音とASDと両方あるんだけど、どちらか選べといわれたという人もいる。どちらか選べといわれても、どうするのか。両方行きたいのですよ。専門店街でなくて、デパートにしてくれて、そこにいくと全部やってくれるというようにならないのか。

　関西に、通級指導教室のデパートのようになっている建物がある。幼稚園通級というものがありますよね。幼稚園通級と小学校通級と中学校通級が同じビルの同じフロアにあるんだ。先程の話は横の広がりの話だけど、ここは縦も広がりがあるんだ。幼稚園の通級の先生が、A小学校にも行くよ、とか。ずっと縦にもつながってるのですよね。あれは親も子どもも幸せだよね。

**宮本**：小学校が終わってから中学校で行く通級がないという問題もありますからね。

**柘植先生**：昔は高校通級もなくてね。幼稚園から通級に行っていたら高校に行っても通級に行きたいですよね。中学校まで通級した人は用もないのに、中学校の通級に時々遊びにくるそうです。向こう（子どもの側）からすると用も

ないのに遊びに来るんだけど、受け手の方はフォローアップになるそうです。友達ができない、とか言ってきたら、こういう風にやってみたらとか、それは高校通級ではないけど、高校通級のようなものなんだ、という話をしていただけだけどね。ああ、いいねって。

**宮本**：そうですよね。私も聞いたことがあります。小学校の場合ですが、中学生になった子がことばの教室に遊びに来て、ついでにことばの症状も見ることができたと、報告してくださいます。

**柘植先生**：特別支援学校以上に、小学校、中学校から、通級とか特別支援学級はいい意味で、制度が整っていないので、本当は、関係者がもっと整備しなくてはいけないんだけれども、各自治体が、いい意味で勝手にやっているんだ、いろいろ。その勝手にやってることを吸い上げて、こんな風に勝手にやってるという、優れたしかけみたいものを知らせてあげると、いいのだろうな。

**宮本**：そうなんです。あまりにも違いがありますよね、自治体で。

**柘植先生**：今日も朝ネットを見ていたら、まだ書いてるのですよ。関東のある自治体のホームページの紹介ページで。「通級指導学級」と。勘弁してよって。これは関東でだけで通じる方言のようなものでしょう。関東の人が見るだけのもので、「通級指導学級」と書くならいいけど、北海道の人とか、他の県の人には、何のことだか分からないですよね。何？　通級指導学級って。特別支援学級なの？　通級指導教室なの？　って。

**宮本**：これは方言なんですね。

**柘植先生**：だから、関東の自治体の人が読む新聞だとか、雑誌に書くのならいいけど、全国的な定期刊行物には、その自治体の人しかわからないような表現は書かないほうがいいよ。「通級指導学級、これはいわゆる通級指導教室」と書かないと、他県の人にはわからないよ。

**宮本**：書くのなら、「通級指導教室」ですよね。

**柘植先生**：あるいは「通級による指導」といえば一番いいね

**宮本**：確かに通じない県とか、学校の先生とか、いらっしゃいますね。

**柘植先生**：通じない県というか、通じるのは関東のある自治体だけの話だからね。

**宮本**：だから、多様ですよね。通級の在り方というのは。それはそれでいいのでしょうかね。地域によってやってることは違っているのが。

139

**柘植先生**：でも、きちんとしたものを作ったうえで、どうぞご自由にというのなら良いですけど、今はそれがないから暗中模索な感じがしますね。まずは制度をきちんとするということだろうね。

**宮本**：そこが、すごく問題だな、と思うんですけど、今先生がおっしゃったように、デパート型にするか、複数行ってもいいことにするかというようなことになるのでしょうかね。

**柘植先生**：特殊教育の時代のときに、盲、養護、聾と 3 種類あって、それを特別支援学校にするときに、どの程度どこの種類に寄せるかっていう議論があったの。全部一緒にしてしまえ。どこに行っても全部がデパート？ という話もあって。でもその真ん中へんでおちついた。

**宮本**：いいですね、そういうのは。それで先生、私たちが調査した「ことばの教室」での重複の状況なのですけどね。

**柘植先生**：（125 頁の図 7 を見ながら）これはことばの教室での話ね。学年ごとの集計はしているの？

**宮本**：1 年生と 2 年生だけに今回の調査はしぼっています。

**柘植先生**：多分これ、1 年から 6 年とか、中学校 3 年とか、年齢別にやると、先程の話ではないですけれども、1 〜 2 年生はかなり（色々な問題が）混ざっているのではないでしょうか？ 歳上がっていくと、多分くっきりしてくる。ただ、二つ障害持っている子がどうなっていくのかということが、低学年だけでする話ではなくて、10 年間、言語障害の通級で働いた人が、その後、情緒障害の通級指導教室で 10 年間働く場合もあるよね。その逆もあるけど。その場合、情緒障害の看板があがっている教室で働いていると、親御さんが子どもを何も気にせずに情緒障害の通級に通わせていても、その先生は専門性が高いんで、「あれ？ この子って、構音の問題あるのかなあとか、吃音があるのかなあ」とか、他の先生は気が付かないんだけど、それに応じた対応ができる可能性はあるし、多分してると思うのですよ。場合によっては、個別の指導計画にも書いて。

**宮本**：じゃあ、先生によりけりということですかね。

**柘植先生**：それがおかしいんだよね。いっそのこと、通級はずっと通級だけで勤務していってもいいけれども、そうではなくて特別支援学校とか、色々と行

くことが必要かもしれないんだけど。でも、ずっと通級だけで行けるかどうか
はわからないけどね。ずっと通級にいるとしたら、一つの障害だけでずっと
30年40年行く人がいるとしたら、そういう人は1割くらいは必要かな？
二つの障害でスペシャリストになる人を意図的にわが教室には入れようとか、
そういう研修とか養成の戦略が必要なのだろうな。発達障害が重複する割合っ
て（125頁の図8の言語障害と発達障害が重複した例19名（14.2％）の部分
を見て）14％もある？　発達障害だけあって、なぜか言語障害の通級に行っ
ている子もいるんだよね。自分の家の近くに言語障害の通級があるけど、情緒
障害の通級はないので、うちの子どもは言語障害と情緒障害両方もってる、あ
るいは言語障害ないんだけど、近い方へ入れてよという、だからいい意味で柔
軟的に動いているということなんだ。

**宮本**：そうですね、それはそう思います。

**柘植先生**：（図8のことばの教室で発達障害のみ有した例6名（4.5％）の部
分を見て）この4.5％の6人の子どもの、通級の学級の先生は、実は去年まで
は発達障害の通級にいた、とか。あるいは発達障害の通級は経験ないんだけ
ど、発達障害の通級に非常に関心があって、本を読んだり研究会に行ったりし
ているとか、そういう先生の専門性も調べるといいのかもしれない。

**宮本**：先生がおっしゃるように柔軟なので、場面緘黙のある子も来てるのです
よね。

**柘植先生**：吃音のある子はさすがに言語障害通級にいくよ。ASD があるだけ
で、明らかに特性があるとすると、おそらくは弱視の通級などには行かなく
て、発達障害の通級に行くと思うんだよね。でも、場面緘黙って、言語障害の
通級に行く場合と、情緒障害に行く可能性の割合はどこかデータあるのかな？
半々くらいなのかね。9：1とか1：9とかではないと思うよ。

**宮本**：そうですか？　半分にもなるのでしょうか？

**柘植先生**：場面緘黙って心理的なものがあるでしょう？

**宮本**：はい、どちらかというと、情緒障害の領域かなと思いますけど。

**柘植先生**：場面緘黙というのは、言語障害通級で対応できるものではない、
というふうに明言してるの？

**宮本**：そういうふうに明言はしてないと思いますが……。

**柘植先生**：場面緘黙ではないものは、全緘黙？　全緘黙というものはあるの？　全く話さないと、その機能が十分でないということになるかと思うんだけど。緘黙なんだけど、家でもどこでも全く話さないということはありえるの？　緘黙の定義とはどうなっているの？　全部の場面で緘黙というのは何て言うの？

**宮本**：そうなると、言語発達障害と区別がつかなくなるので……。

**柘植先生**：場面緘黙は家庭では話すけど外では話しませんという音声のことなので、素人的には言語障害の先生に見てもらおうかなと思うかもしれませんね。

**宮本**：あ、そうですか？　心理の問題と捉えられる場合が多いから、ほぼ情緒障害の方に行くと思っていました。

**柘植先生**：情緒障害のくくりで考えるよね。重要なものの一つとして。

**宮本**：ただ、関東のある自治体のことばの教室のホームページでみると、緘黙をうたっているところがいくつかはあります。

**柘植先生**：それは実際とは違うのではないですか？　（関東のその自治体は「場面緘黙」は自閉症・情緒障害の通級で扱うことになっています。つまりホームページは間違っていることになります。）

　知的障害の特別支援学級と、自閉・情緒障害の特別支援学級があるとして、ある学校に両方設置されていると、どちらにいったらいいかわからないでしょう。知的障害で自閉症持っている場合はどちらにいけばいいの？　これまた両方行くことができないので。本当は両方行けるといいと思うんだけど。どちらか選ぶんだよ。また、知的障害があったら、あと何の障害があっても、全部知的障害の方に入ってもらいますという県もあれば、いやいや、他に障害があればそちらに行ってもらいます、その都度ですという場合もあって、はっきりしない。各自治体が工夫しているといえば工夫しているから、いいといえばいいのだけど、極端な制度のところから、別の極端な制度のところに引っ越すとなったときに、子どもや親のことを考えると、もうちょっと制度をきちんとしてもらわないとダメなのではないかという思いはみんなもっているのではないでしょうか。そして、こういう状態になっていると、言語通級の先生方の研修会は、1割か2割ぐらいは発達障害の研修会も開くのですよね。

**宮本**：そうですよね。そうなっているはずですが。

**柘植先生**：そこもなにか調べたいところですね。あとは教員のそこに至るヒストリーです。いまは言語障害にいるのだけれど、その前10年間は発達障害の通級をやっていたので両方やれますよ、とか。そんなようなものがもう少しくっきりしてくると、研修のあり方だとか、制度どうするかという、エビデンスになっていくのではないかな？

**宮本**：私が出張で行くある県にいくと、通級は一つでみんなやるっていうのですね。

**柘植先生**：みんなやるとはどういうこと？

**宮本**：いわゆる自閉症・情緒障害のコミュニケーションや、問題行動があるとかいう子も来ているし、構音障害もやるというのですね。それは、専門がどうこうというのではなくて、もう通級が一つしかないから、ことばも情緒も分けないんです。

**柘植先生**：人も足らないし場所もないから、障害種別にはやっていられないという理由もあるかもしれない。そうすると、研修会を開くと、5障害だとすると、6つでも7つでもいいのだけども、1年間を通して全ての障害を学んでもらいます、という感じになっていくのでしょうね。個別の指導計画の書き方も障害によって違うということになると、それも研修で学んでもらいますということをやっているかもしれない。

**宮本**：そうですね、そういうやり方でもいいですよね。色々なやり方があるので、それぞれの良いところを全国の通級の先生方が共有できるといいのですね。先生、今日はありがとうございました。大変勉強になりました。

---

## ② 言語障害のある児童への指導・支援の未来：対談を終えて

　まずは、冒頭のところで柘植先生がおっしゃっていた、政府や研究機関が行なっている調査結果をできる限り公表して研究者が使いやすいようにしたら、というご指摘について考えてみました。特別支援教育に関する統計的なデータは大学の授業などで学生に伝えるために、あるいは論文執筆の参考のために使うことはあるのですが、このデータを使って研究する、という発想を私はあまり持っていませんでした。国際的には、既存のデータベースを用いた研究が多く

あり、指導に有用な根拠をスピーディに積むことができている様子を羨ましく思っていましたが、今後は国内でも必要な視点だと思いました。全国で行われている言語障害を対象とした特別支援教育、あるいは言語聴覚療法がさらにニーズのある児童・生徒に行き渡り、効果が上がるには、現状について、あるいは有効な支援に関するデータがもっと必要であるということを改めて感じました。

　次に、先生との対談で話題の中心となったのは、子どもはシンプルに一つだけの障害や症状を示しているということではなく、様々な問題を同時に抱えていることが多い、という点です。このような実態がありながら、実態調査における分類が、まるで一つの障害を主訴としている子どもが「標準」であるかのように行われていることへの疑問について話が進みました。本来、子どもが感じている学校での問題や不安に思うことなどは一つの障害名で表されるものではないのかもしれません。複数のことが相談の主訴となっていることは当然、という前提で考えていくと、今後の通級指導教室の在り方は変わっていくかもしれません。さらに、言語聴覚士には、様々な専門家と関わるスキルが必要になってくるでしょう。このように考えると、専門性というのは特別支援教育やリハビリテーションでは重要視されることですが、専門家の見識や視野の広さ、価値観の多様さが求められることにもつながると考えました。このことは、柘植先生がおっしゃっている支援の専門家が集まった専門店街、というよりは専門領域を超えて広く展開されるデパート化につながるのかもしれません。

　最後に、最も印象に残ったのは、「通級指導学級」のような、いわゆる「方言」を使ってはいけないという柘植先生からのご指摘です。ことばの教室は、自治体によって運営の仕方や指導の観点が多様であることが知られていますが、その地域だけで通じる用語を使用することの弊害について、真剣に考えたことがありませんでした。言語障害の分野では、医学と教育における専門用語が交錯することが多いですが、地域によっても言語が違う、ということは、実は私も経験したことがあります。各地域の独自性が認められている自由度の高さは評価できますが、重要なことは、各地域の特徴が共有され、それぞれの地域で活かされることだと思います。そのためには、用語の整理は地味で基本的

な作業ですが、早急に行われるべきだと考えました。

　都市から離れた比較的人手不足になりがちな地域では、一人の教員が構音障害から発達障害の指導までこなしているという例があり、対談でも話題にしました。言語指導の未来の形としては、意外にも、この在り方が拡がるようにも思われます。障害名にこだわらず、子どもが感じている問題や困っていることを中心に支援が回るようになると、その時には「強みに基づいた支援」が可能になるように思われます。「強みに基づいた支援」を行うためには、言語障害への認識が通常学級の児童・生徒にもさらに広まることが求められます。通級指導教室の教員や当事者である児童・生徒が、自分が在籍する通常学級で、吃音や構音障害などについて話題にすることが当然のようになることが必要です。最近では、本人への理解教育が盛んに行われますが、通常学級での理解・啓発の教育をどのように実施していくかが今後の課題になっていくと思います。この課題が達成され、「強みに基づいた支援」が可能になると、ことばの教室や言語聴覚療法で求められる指導者のスキルは、言語障害に対する指導能力ではなく、充実したコミュニケーションができる子どもを育てる能力に変わっていくことが想像されます。しかも、そのコミュニケーションがいかに充実したものであるかについては、通級指導教室や言語聴覚療法室の中で評価されるのではなく、子どもたちの生活の場である学校や家庭において観察されるものでなくてはならない、ということになるでしょう。

**引用文献**

山田慶子・吉岡博英・津曲裕次．（1994）．日本における言語障害教育の成立過程に関する研究：千葉県における大熊喜代松の実践を通して．心身障害学研究，18，41-51.

# おわりに


　最後まで読んでいただきありがとうございます。「はじめに」でも述べているように、私は言語障害の専門家であり、さらにその中でも吃音や早口言語症という狭い範囲を研究対象としています。特別支援教育の深い森を知らないで仕事をしているという点は正直、否めません。しかし、運良く、各障害の専門家や特別支援教育、障害者福祉に詳しい専門家が沢山働いている職場にいるおかげで、「神経多様性」という概念の素晴らしさに気づくことができました。

　さらに、柘植雅義先生に色々と教えていただく機会にも恵まれ、特別支援教育を学びたくて入学してくる学生たちがどんなことに関心を持ち、どんなふうに自分の研究テーマとして結びつけていくのかを間近に見せていただいたことにインスパイヤーされ、それは本著執筆の動機にもなりました。

　私の同志である言語聴覚士やことばの教室の先生方にも、広い視野を持って仕事に取り組んでいただくよう応援しています。また、将来の日本では、自身の子どものことばに心配のある保護者が、迷わず言語聴覚士のところを尋ね、心配ごとを解消していけるように、今よりもずっとこの分野が発展することを願っています。

　最後になりますが、お子様の言語指導についてお話を掲載させてくださった梅原文子様、笠原善郎様、ことばの教室についてのご説明についてお願いし、お引き受けいただいた、中村勝則先生、大井梨絵先生、髙橋三郎先生、阿部厚仁先生に心から感謝申し上げます。また、舘田美弥子先生、公私共にいつも応援ありがとうございます。

　表紙の絵を提供してくださった、お子様と保護者の方々にも、感謝の気持ちを込めて、この本を贈りたいと思います。彼らにパステル画をご指導して下さった押田和子先生にも、日頃からの感謝を申しあげます。

　そして、お忙しいところ対談をしてくださった柘植雅義先生、金子書房の編集者である加藤浩平様、岩城亮太郎様、このお三方がいらっしゃらなければこの本は生まれませんでした。執筆の機会を与えていただきまして本当にありが

とうございました。

## 著者紹介

宮本昌子（みやもと・しょうこ）

筑波大学人間系障害科学域音声・言語障害学教授。博士（教育学）、博士（障害科学）。北海道立旭川肢体不自由児総合療育センター言語療法士、福山平成大学講師、目白大学准教授、筑波大学准教授を経て現職。International Fluency Association 元理事、日本コミュニケーション障害学会理事等。

van Zaalen, Y. & Richel, I. (2015). Cluttering: Current views on its nature, diagnosis, and treatment, （森浩一・宮本昌子（監訳）(2018). クラタリング：特徴・診断・治療の最新知見. 学苑社）、宮本昌子（2019）. クラタリング・スタタリングを呈する児童の発話特徴：構音速度と非流暢性頻度の測定. 音声言語医学, 60 (1), 71-80. などの著書や論文がある。

## 第7章対談者紹介

柘植雅義（つげ・まさよし）

筑波大学人間系障害科学域知的・行動障害学分野名誉教授。博士（教育学）。カリフォルニア大学ロサンゼルス校客員研究員、文部科学省特別支援教育調査官、兵庫教育大学大学院教授、国立特別支援教育総合研究所上席総括研究員／教育情報部長／発達障害教育情報センター長等を経て現職。元日本LD学会理事長、元日本心理学諸学会連合常任理事、元内閣府障害者政策委員会委員等。

子どもの脳の多様性に応じた
言語・コミュニケーションの指導と支援

2025 年 2 月 25 日　初版第 1 刷発行　　　　　　〔検印省略〕

著　者　宮本昌子
発行者　金子紀子
発行所　株式会社　金子書房
　　　　〒112-0012　東京都文京区大塚3-3-7
　　　　TEL　03-3941-0111(代)
　　　　FAX　03-3941-0163
　　　　https://www.kanekoshobo.co.jp
　　　　振替　00180-9-103376
印刷　藤原印刷株式会社　　製本　有限会社井上製本所

©Shoko Miyamoto　2025　Printed in Japan
ISBN978-4-7608-2459-5 C3037